第三帝国

非洲军团

美国时代生活编辑部 / 编

张显奎 / 译

修订本

海南出版社
·海口·

目 录

致读者

首先应当承认，本书的策划并非出自我本人的想法。

事实上，当一小批时代生活图书公司的编辑和作者开始极力主张推出这样一个系列的时候，我的第一反应是："有关第三帝国的话题难道还能有什么新意吗？"

可是，当前往柏林、华盛顿和莫斯科的采访人员逐步发回他们的稿件——私人珍藏的回忆录和相册堆满了我的办公桌——目击者的记录和官方秘藏的文件被一一发掘出来之后，我觉得我的疑问已经找到了最好的答案。

我们正在接近一项重大的成果：对纳粹统治下的德国的一个全新的认识——从第三帝国的内部来解剖它。

本系列共有 21 本。每一本都向您展示了第一手的私人记录、从未发表过的照片、亲历者的回忆录和新解密的官方档案。它们恰如一幅徐徐展开的巨型画卷，将您带回那腥风血雨的黑暗时代，让您仿佛置身于喧嚣狂热的柏林、遍地瓦砾的华沙、燃烧的斯大林格勒、沙尘滚滚的北非，恍如走进了令人不寒而栗的集中营、党卫队的秘密会议室、希特勒的办公室、他的书房和卧室，甚至把握到他的思想动态。每一本都有一个中心主题，整个系列连起来则构成了迄今为止最完整、最细致的"第三帝国史"。

这就是我们所做的工作，让真实的历史说话。

时代生活编辑部主编乔·沃尔

自己土地上的陌生人——两名利比亚本地人站在一旁，看着隆美尔的"非洲军团"装甲车向英国军队开去。

1. 从围困中走出的一支盟军部队

油光闪亮的"海因克尔 111"型飞机像一只鲨鱼从海那边飞过来，盘旋一圈后优雅地降落在的黎波里以南 15 英里（1 英里＝1.60931 千米)处的贝尼托堡机场(意大利的殖民地利比亚境内)。这是 1941 年 2 月 12 日中午时分。这架双引擎轰炸机停了下来，舱门打开后，走下来一位长着灰蓝色眼睛和坚毅下巴、身体粗壮结实的军官。他肩章上的两颗星表明他是德国军队的一名陆军中将。他的名字叫埃尔温·隆美尔，他这次来利比亚肩负的任务，正如他在临行前对他的妻子露西所说，是"艰巨而重要的"。确实是这么回事。隆美尔的任务是阻止英国人把德国的毫无战斗力的意大利同盟军彻底赶出北非。

隆美尔的两位将军战友在他之前曾去非洲做过事实调查，他们实际上已认定这一任务将无法完成。当隆美尔乘车驶入利比亚首都和主要深水港口的黎波里时，他自己能够看出，失败已刻在从战区撤退到东部的意大利士兵的脸上。他们中的许多人已经扔下了武器。隆美尔很快将得知，意大利军官们正在公开打点行李，准备逃避英国人预期进行的一次攻击——尽管英国人还在 400 英里之外。身材高大、头发花白的意军指挥官意大

1941 年 2 月，埃尔温·隆美尔将军在棕榈成荫的的黎波里港检阅第一批到达的"非洲军团"部队。在他的右边是意大利北非司令意大罗·加里波帝将军（他也是隆美尔的名义上司）。

罗·加里波帝将军已是一脸的疲惫和绝望。

当天下午，隆美尔登上"海-111"型战机，正如他简练地说，去"了解这个国家"。北非是一块打仗很艰苦的地方。隆美尔着迷似地俯瞰着撒哈拉大沙漠这块禁地：被太阳烤得灼热的利比亚沙漠向东绵延1200多英里，一直深入到埃及。除了意大利人修建的沿地中海公路，这块从狭窄的沿海平原上升到裸露着卵石的暗褐色高原的土地几乎没有容易辨认出的标志。只有在沿海的城镇附近，由于意大利殖民者修建了一些灌溉系统，才有那么一点绿色。隆美尔后来写道，在其他地段，碎石路"像一条黑色的带子穿过荒芜的原野，眼睛所望之处，既看不到树，也看不到灌木"。

在靠北边的海面上，隆美尔可以看到运输船正运来他的第一批部队。不久，"非洲军团"的军官和战士将成为传奇人物，被供奉在纳粹国防军的神殿里。但是现在，不像英国人在沙漠里已有长期经验，德国人对等待着他们的前景毫无准备。阿道夫·希特勒从未考虑过打一场殖民地战争，他的部队没有一支适合在非洲作战。习惯于北欧温和气候的德国军人将很难对付通常超过华氏120度（100℉=37.7℃）的夏日高温，而且，每当肆虐的沙尘暴从南边的撒哈拉大沙漠刮过来时，气温还会更高。此外，士兵们必须随身携带每一种生活必需品，尤其是水，因为沙漠里除了成群的黑蚊子和沙漠跳蚤以及四处蔓生的带刺灌木外，一无所有。

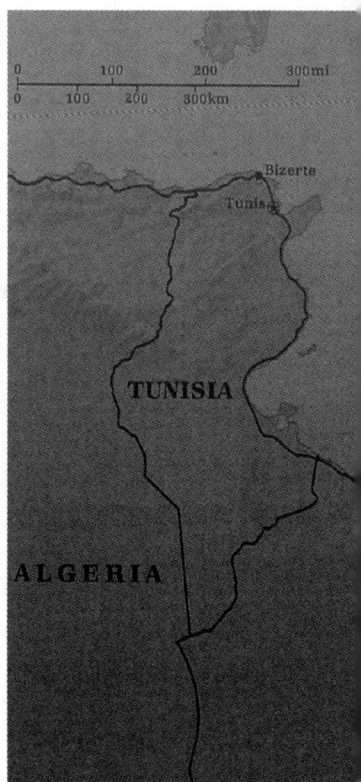

ITALY

GREECE

TURKEY

SICILY

Athens

left
icily

MALTA

CYPRUS

Mediterranean Sea

CRETE

Haif

poli

Cyrene   Derna

Barce

Bardia

Port
Said

*Gulf of
Sirte*

Benghazi   Gazala   Tobruk   Sidi
Barrani

Bir Hachelm

Alexandria

Suez
Canal

Sirte   *VIA BALBIA*

CYRENAICA

Sollum

Mersa
Matruh

EL COAST ROAD

Suez

IPOLITANIA

Agedabia

El Alamein

Cairo

El Agheila

EGYPT

Nile River

LIBYA

*QATTARA
DEPRESSION*

北非战场是埃尔温·隆美尔大胆进攻和英国人英勇反攻的舞台。这个舞台绵延1000多英里，从利比亚西部省份的黎波里塔尼亚穿过昔兰尼加沙漠到埃及边境地区，然后继续向东几乎到了开罗和战略要地苏伊士运河。这一地区的大多数地段是沙漠荒原、多石的内陆高原和炎热的沿海平原，只有一条公路相连。大部分战斗沿着这条海岸公路来回拉锯，源源不断的车队来回驰骋，为敌对双方的军队提供补给。把这条公路串联在一起的是一些城镇的名字，它们就像一条黑色带子上破碎的、沾满灰尘的珠子，经历了沙漠拉锯战中的多次残酷战斗，它们是：班加西、托布鲁克、巴迪亚、西迪巴拉尼、梅尔莎－马特鲁、阿拉曼等等。冲刷着北非漫长海岸线的是地中海，这里也是激烈争夺的战场。为了控制海上运输线，英国驻埃及和马耳他岛的军舰和飞机与轴心国的飞机和潜艇展开了较量。

　　然而，当别人只看到充满敌意的荒原、毫无准备的部队和遭人责骂的盟国军队时，隆美尔却看到了机会。他不是第一位看出沙漠与大海有类似之处的战术家，沙漠和大海都浩瀚无边，只有靠日月星辰和罗盘才能通行。但他认为，正如大海是海军驰骋的疆场，沙漠将是坦克的天然舞台，非常适合快速大胆的军事行动，这种新战术他曾经在率领德军装甲师征服法国的闪电战中运用过。隆美尔很快将把他的这一想法大胆而狡猾地付诸实施，从而成为有名的"沙漠之狐"。

　　隆美尔抵达利比亚的行动结束了 6 个多月来德国在北非问题上犹豫不决的状态。早在 1940 年 7 月，辩论就已开始了，当时法国已沦陷，希特勒正面临着如何使英国就范的难题。国防军最高统帅部（OKW）的一些人认为有一种可能性可以使英国瘫痪，那就是打击英国在地中海地区的根本利益。英国及英联邦国家的军队以埃及为基地，守卫着苏伊士运河，确保中东地区的石油流通，维护英国在地中海的生命线。

　　然而，希特勒对在地中海地区开辟一个新的军事行动舞台毫无兴趣。他选定的计划是，通过"海狮行动"向不列颠群岛发动直接进攻——即先用飞机轰炸，然后横渡英吉利海峡登陆英国。元首并不是没有考虑到地中海和北非地区，只是他打算让他的意大利盟友贝尼托·墨索里尼负责南方战线。隆美尔后来注意到，元首在那个夏天的打算是"不给非洲一个人，不给非洲一分钱"。

墨索里尼是一个天性为虎作伥的家伙，他非常得意地发现，他现在可以利用英国雄狮被困在其他地方的时机来扩张他的非洲帝国了。1940 年 6 月 10 日，即法国沦陷前不到两周，这个人把意大利拖入了战争，开始到处试探，想捡便宜的饭菜吃。此前，意大利在东非内陆地区已有自己的殖民地——厄立特里亚、意属索马里、埃塞俄比亚。6 月下旬，墨索里尼的军队侵入了肯尼亚、苏丹和英属索马里。意大利人以 10 个师的兵力一路几乎没有遇到抵抗就很快向南渗透到肯尼亚，占领了索马里，从而打开了通往苏丹和埃及的道路。形势一片大好，意军像一把巨型钳子从南部和西部向埃及步步紧逼，这把钳子将摧毁英军，使意大利成为赤道以北的非洲的头号势力。

战略要地在北非的利比亚。墨索里尼想从那儿形成西线包围圈。自 1911 年以来，利比亚一直就被意大利占领，它与西西里岛的海上距离只有 300 英里，它东邻埃及，西接法国殖民地突尼斯和阿尔及利亚。法国的失败已使利比亚西边的这两个邻国采取中立立场，这样，墨索里尼可以放心地重点进攻埃及了。6 月 28 日，他命令全面入侵埃及，这是"意大利早已等待的伟大回报"。由于自己有 25 万大军去对付只有 3.6 万人的防御者，这位意大利独裁者充满了自信。

然而，过了 6 周多的时间，墨索里尼的军队才振

坐在一辆布伦式小型装甲车上的英国士兵凝视着路旁的一个大理石里程碑，这是意大利军队1940年短期攻入埃及时建立的。立柱上有法西斯装饰标志，这是墨索里尼政府采用的源于古代罗马的一种权威的象征。

作起来。直到9月13日，第一支意大利部队才越过边境进入埃及。8万大军分编成5个师，在200辆坦克的掩护下，以游行队伍的方式从边境以西2英里处的一个叫卡普佐的村庄浩浩荡荡开出。一阵嘹亮的军号声宣布出发，穿着黑色衬衫、装备着短刀和手榴弹的法西斯突击部队，走在队伍的前面。在后面，缓缓开动的是装运着大理石里程碑的卡车，这些里程碑是用来标示胜利进程的。

实际上，这些大理石里程碑并不需要很多。意大利的先头突击部队穿过利比亚高原边缘的陡坡后，就一路向下冲进了埃及的小镇索卢姆。附近的英国军队寡不敌众，侵略者们几乎未遇到什么抵抗。他们沿着狭窄的海岸平原一路悠闲地向前推进，4 天之内推进的路程还不到 60 英里。在西迪巴拉尼村，当时的意大利指挥官罗多夫·格拉齐亚尼元帅让部队停下休息，等待补给。罗马的电台却大吹胜利，甚至异想天开地把成群的土泥草房吹捧成了一座大都市。收音机里广播道："多谢意大利工程师的精湛技术，有轨电车又在西迪巴拉尼跑动起来了。"

事实上，意大利的工程技术很快被用来把这一地区改建成一道防御要塞。格拉齐亚尼不是继续向前推进，而是恳求罗马增派更多的人员和供给品。他命令修筑一个由七大据点组成的呈半圆形的防御要塞，这道要塞从海岸边的马克提拉（西迪巴拉尼村以东 15 英里的一个村子）开始，向内陆蜿蜒伸进 50 英里。这些加固的要塞军营不仅包括防御功能，还有军官俱乐部一类的生活便利设施，提供用高级玻璃器皿盛装的冰镇弗拉斯卡蒂白葡萄酒。部队也开始改造回利比亚边界的公路，并修建了一条 100 英里长的供水管线。然后，格拉齐亚尼元帅舒舒服服地等待着墨索里尼答应的坦克增援部队的到来。

德国人却以厌恶和不安的心情看待这一切。最高统帅部对意大利的军事能力早就存有怀疑，而现在这种坐下静待的战术行为（与德国军队的闪电式冲击形成鲜明对比）只是更明显地加重了这一怀疑。德国空军在英国上空遭受的重创和损耗使希特勒不得不对英国皇家空军肃然起敬，他担心英军会从设在埃及的基地向意大利实施轰炸。更糟糕的是，英军有可能给轴心国在中东地区的利益带来重大麻烦，并且有可能从南翼威胁到即将进行的"巴巴罗萨行动"（希特勒准备入侵苏联的计划）。在10月4日与墨索里尼的一次会晤上，元首提出愿意提供装甲部队和飞机帮助格拉齐亚尼行动起来。那位意大利领袖却很冷淡地拒绝了这一帮助，尽管他表示欢迎德国在战役的最后阶段给予援助。墨索里尼向希特勒保证，意军将在10月中旬前重新开始进攻战。

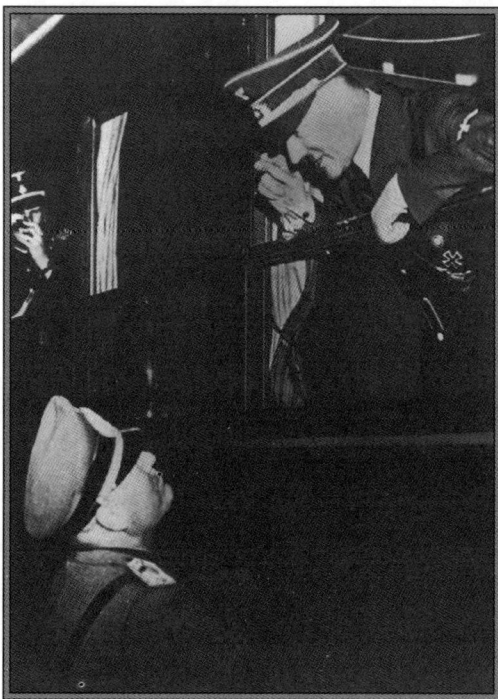

1940年10月，在德意边境的布勒纳关会谈后，希特勒从他乘坐的火车车厢的窗户边倾着身子与墨索里尼道别。在这次会谈中，那位意大利统治者拒绝了德国提出的北非援助，吹嘘说他的军队将很快攻进开罗。

　　然而，使希特勒大为惊愕的是，接下来发生的事情是意军在10月28日对希腊的突然入侵。墨索里尼纯粹出于报复心理故意不通知希特勒：他要对元首"以其人之道还治其人之身"（墨索里尼曾私下对他的外交部部长这样说过），因为希特勒也是事先不打招呼就在10月11日占领了罗马尼亚。一方面因为对墨索里尼耍的花招感到愤慨，另一方面因为现在又多了一处冒险的战场，希特勒推迟了给北非意大利军队的任何援助。

希特勒所信任的一位官员呈上的那份悲观报告影响了他的决定。德军最高司令部的威勒姆·里特尔·冯·托马少将不久前刚从利比亚视察回来，他的结论是，意军尽管人数众多，但普遍很弱，需要提高战斗素质。不过，他建议道，至少要派遣4个装甲师（而希特勒只愿意从"巴巴罗萨行动"计划中抽调出1个装甲师），否则，"毫无意义"。于是，11月12日，元首做出了一次奇怪的折中方案：只有在意大利人攻占了西迪巴拉尼村以东80英里的英军海边要塞梅尔莎－马特鲁后，德军才前往北非支援。

同时，由于无精打采的意大利军队一拖再拖，从几个星期拖延到了几个月，英国军队却趁机努力，加固了他们的防御。一条终点到达梅尔莎－马特鲁的窄轨铁路使英军能够获得源源不断的补给品、人员和设备，包括第七装甲师。该师3个团中的其中一个团装备了"马蒂尔达"型坦克（一种专门用来支持步兵前进的重达30吨的厚铠甲坦克）。尽管在人数上几乎处于一比三的劣势，但英军在装备上具有极大的优势，能够把坦克、枪炮和卡车组合成完全机械化的声势浩大的纵队，这是沙漠作战的关键所在，正如在海上作战的舰队一样。

北非的意大利军队，如隆美尔所说，在整个设计上就不适应现代战争，而"只适合针对部落人起义的殖民地战争，他们的坦克太轻，引擎的马力不足"。意大

利士兵很快就称自己的 M-13 型坦克是"缓慢移动的棺材",因为聚热过快,根本不堪敌军炮火的攻击。另外,意大利军队还缺乏反坦克枪炮和反战机排炮。它的野战炮是一次世界大战遗留下来的旧设计,是在凡尔登战役中赢得持久名声的法国 75 毫米加农炮的拙劣仿造品。它的许多飞机也陈旧过时了。隆美尔后来曾写道,意大利军队最糟糕的一点是,它庞大的军队主要是步兵,而且没有运输设备,这种状况使快速作战行动根本不可能。海因茨·赫根莱纳少校是指派给格拉齐亚尼元帅的德军联络官,他吃惊地获悉,北非意大利军队的各种机动车总共只有 2000 辆,这比德国军队的一个机械化师所拥有的数量还少。

在一条干涸的河床里,意大利 M-13 坦克正在等待前进的命令,坦克上驮着的沙袋是用来额外保护他们那种薄型的装甲车的。隆美尔写道:"看到墨索里尼用这种装备派遣他的部队去作战,真使人感到毛发倒竖。"

18

在所有这些缺陷之外，还有一点就是糟糕透顶的军事领导班子。格拉齐亚尼元帅及其手下主要军官都犯有严重的疏忽失察罪。他们驻守的几个据点相互之间支持不够，防御设施的纵深也不够。在修筑西迪巴拉尼村周围的防御工事时，意大利人在两个主要据点之间留下了一处宽达15英里的无人防守、甚至也无人巡逻的地带。1940年9月初，正是在这个离海边30英里的地方，大英联邦军队决定试一试墨索里尼军团的威力。

这次进攻计划既经过了深思熟虑，又充满了想象力。战地指挥官理查德·奥康纳中将非常隐秘地在梅尔莎－马特鲁和意大利军营之间的沙漠地下储存了够5天用的食品、汽油和军火。然后在12月7日的早晨，他出动了两个快速作战师——第七装甲师和印度第四师，在第七师的一个"马蒂尔达"坦克团的掩护下，开到一个宽达1英里多的前线阵地上。士兵们收起埋藏在地下的补给品，当晚就在空旷的沙漠上度过，静待着进攻的开始。

第二天，一架意大利侦察机发现进攻的英军方队正在逼近意军的防线。飞行员是战斗机指挥官维托利奥·莱威特拉中校，他立即用无线电通知了总部的格拉齐亚尼元帅。让莱威特拉震惊的是，格拉齐亚尼平静地告诉他"让我把这写下来"。尽管格拉齐亚尼后来一口咬定他对战地指挥官们发出了命令，但面对开过来的英军，没有人试图做出任何抵抗。当天晚上，英国人和印度人攻占了拉比亚和尼贝瓦两个据点之间的地带，然后在往西几英里处停了下来。

第二天，即 12 月 9 日，早晨刚过 7 点，尼贝瓦据点的意大利守军还在煮咖啡烤面包，准备吃早餐，这时，

一队意大利战俘（其中一些带着衣箱）沿着巴比亚谷地从远处走来，他们是被英国快速机械化部队切断退路后被俘的。

第一批"马蒂尔达"坦克冲进了营地。英军坦克里射出的两磅重的炮弹击毁了 20 多辆停在营地外的意军 M-13 型坦克。意大利的反坦克炮火予以还击，但炮弹无法穿透英军坦克的铠甲。营地指挥官皮埃特罗·马勒梯将军端起一支小型机枪冲出帐篷，但肺上挨了一颗子弹，倒地身亡。

当盟军控制了尼贝瓦后继续向北朝其他据点进发时，其余的意大利军官表现得不再那么勇敢了。在海岸边的马克提拉，炮火刚轰了几下，一面白旗就举了起来。营地指挥官向一位英国军官郑重其事地说："先生，我们已打完了我们最后的弹药。"他是站在一大堆军火旁说这话的。

在接下来的 3 天里，意大利在埃及的这支军队实际上已被全部击溃。投降的意大利人太多了，有 3.9 万名，其中包括 4 位将军。英军的一名营长是这样报告他的战绩的："占 5 英亩地的军官，占 200 英亩地的其他军人。"这些非凡的胜利给英军的计划带来了一个变化：奥康纳原本打算只进行一次 5 天的袭击，试探一下意大利军队的威力；而现在，这一试探成了一次大型攻击战。

12 月 16 日，英军坦克开进了利比亚境内，并攻占了 3 个月前意大利人用作入侵跳板的卡普佐。英军还拿下了哈尔法牙关，这段位于海边悬崖处的狭窄路径是进出埃及的唯一快速通道。一败涂地的意军幸存者撤到了巴迪亚——一座位于 350 英尺高的悬崖上、离边境线 12

英里的海岸要塞。这座军营里有45000人和400门大炮，防守线的前面是一道12英尺宽的反坦克沟壑和遍地埋下的地雷。要塞指挥官安尼巴勒·贝贡佐立中将被认为是意大利军官中较优秀的一位。这位在西班牙内战中脱颖而出的将军，脸上蓄着一把火焰般的红色胡子，这为他赢得了一个绰号"电胡子"。不像大多数意大利高层官员，贝贡佐立中将瞧不起奢侈生活，他与士兵同吃同喝，睡的是一顶标准级别的帐篷。他给墨索里尼致电："有我们在，就有巴迪亚在。"

贝贡佐立在巴迪亚等了两周时间，这期间，英国人在进一步加强装备，重新调整人马，把澳大利亚的第六师编入了作战部队。然后，在1941年1月3日黎明，经过一整夜的皇家空军的轰炸之后，澳大利亚人在附近海上3艘战舰炮火的配合下，发起了进攻。澳大利亚人在一个将近8英里宽的战线上敲开了意大利人的防御工事，到次日黄昏时分，肃清了最后一批防守者。"电胡子"贝贡佐立不在被俘的4万人之中；他已逃到靠西边70英里的海港要塞托布鲁克。但托布鲁克也绝非一处避难所。第七装甲师很快就包围了这座城市，澳大利亚军队随后赶到。托布鲁克经受了36个小时的激烈战斗，最后于1月22日投降，这为英军的战俘营又增加了25000名俘虏。

英国人和澳大利亚人沿着巴比亚海岸乘胜追击，朝着利比亚东部伸入到地中海的昔兰尼加省进发。1月

25 日，他们攻占了托布鲁克西北 100 英里处的德尔纳村，并且在离梅智利港口 50 英里的内陆地区差点干掉意军的一支坦克部队。奥康纳将军现在要进行一次大胆的赌博。由于担心意大利人可能逃离昔兰尼加而前去的黎波里，他派遣第七装甲师火速行军 150 英里，穿越昔兰尼加半岛的内陆腹地，以切断意大利人的退路。一支由 3000 名英国士兵组成的队伍乘坐卡车、坦克和侦察车于 2 月 4 日黎明时分从梅智利出发。经过一个月的战斗，这些机动车已经快要破损了，于是不久，只见沙漠高原上到处都是被抛弃的机器。尽管如此，到第二天黎明时，这支队伍已接近了离海边只有 50 英里的姆塞斯绿洲。但是奥康纳深知，这一最后冲刺的努力也有可能徒劳无益，因为侦察机报告说，意大利人撤退的速度比预计的要快。

接到这一情报后，奥康纳马上派遣一支由第 11 师轻骑兵和机械化步兵组成的小分队赶往意军撤退路线的前方。中午刚过不久，这支小分队赶到了贝达弗姆村附近的海岸公路（位于港口城市班加西以南 30 英里处）。到达的时间真是再好不过了。30 分钟后，当意军的领头车队从北边开过来时，他们遭到了埋伏在公路两边的英军狙击兵的袭击。

意大利人不顾一切地想冲破突围，但随着其他英国部队的赶到，他们的命运被锁定了。当意军得知格拉齐亚尼元帅已经逃亡到的黎波里，他们纷纷举起了白旗。

英国人沿着 15 英里长的公路包围了剩余的意大利军队：2 万人成了俘虏，使这次持续 2 个月的战役抓获的意大利人总数达到 13 万，外加 400 辆坦克和 1200 多门大炮。英国和英联邦国家军队损失的人（包括战死、受伤和失踪的人）还不到 2000 名。仅在贝达弗姆村一战中，就有 6 名意大利将军被捉。其中包括那位令人难以理解的"电胡子"贝贡佐立，他是被一位英军中尉抓获的。当时，这位中尉将一支冲锋枪的枪管插进了贝贡佐立的菲亚特车窗里面。"你们今天赶到这里也太快了一点。"贝贡佐立将军平静地这样说道。这句话可以用作这次战役的墓志铭。

在柏林的德军最高统帅部，德国的高层军官们对

坐在一艘战舰上即将离开那不勒斯前往北非的德国空军人员正悠闲地下着棋，享受地中海的阳光。为了避免船只万一被击沉造成太大的损失，任何部队只有一部分人员乘坐同一艘战舰。

利比亚这次戏剧性的战役感到越来越不安。12月份，在英国重新夺回埃及的基地后，意大利的最高指挥部请求紧急援助。希特勒答应派出100架轰炸机和20架护航战斗机前往西西里和意大利南部，用以保护意大利船只和攻击英国开往埃及的护航舰队。1月9日，在巴迪亚失陷后，元首决定向利比亚派兵。他对他手下的将军们说，失去利比亚这块殖民地"并不会造成多大的军事后果，但是，这对意大利军队士气的影响将是极为不利的"。两天后，他发出正式指示，命令派遣一支德国阻截部队，阻止英国人的挺进。于是，有名的"非洲军团"很快就组建起来了。新改编的第五轻型坦克师由约翰尼·斯特莱希担任指挥，它是由从第三装甲师中抽调出来的核心力量组成的，是"非洲军团"的第一支部队。刚开始，它只有一个坦克连。第五轻型坦克师按计划应

在英军横扫昔兰尼加沙漠中被俘的意大利高级指挥官安尼巴勒·贝贡佐立中将（中）与其他被俘的军官于1941年2月到达开罗。贝贡佐立的部下把他称作"电胡子"，因其火焰般的红色胡子好像就是一团火。

该在 2 月中旬赶到北非，但由于 1 月 22 日托布鲁克的陷落，时间表被提前了。

最终，由于意大利军队一个劲地朝的黎波里撤退，希特勒于 2 月 3 日重新考虑了北非问题。在参谋长们举行的一次主要讨论"巴巴罗萨行动"的会议上，元首突然提到非洲日益颓败的战局。他认为，一旦英国人控制了利比亚，那等于是让他们"把枪指着意大利的胸脯"，这样可能会迫使墨索里尼谈和。同时，英国军队可能会转移到叙利亚，威胁"巴巴罗萨行动"。为与之抗衡，希特勒必须扩大和加强"太阳花行动"（德军在非洲采取冒险行动的密码名称）。他命令德国空军准备在北非采取行动，给第五轻型坦克师增加了一个装甲团，并批准后面将马上增派一个整装甲师，这样一来，初具雏形的"非洲军团"规模又扩大了一倍。

挑选埃尔温·隆美尔指挥这支远征军有点出于偶然。最早选定来率领这支新军团的人本来是担任第五装甲团指挥的普鲁士贵族汉斯·冯·冯克少将。但他在 1 月份曾飞往的黎波里做过一次考察，带回来的是一份非常悲观的报告，说一切都没办法了，利比亚已失去了。鉴于他的这种表示，希特勒只好另找他人。他首先考虑到的是埃里克·冯·曼斯坦中将，即那位策划了入侵法国的谋略大师，但接着又认为这不妥；把曼斯坦用于"巴巴罗萨行动"价值将会更大。希特勒马上又想到了另一位上升之星。

49 岁的隆美尔具有元首所钦佩的一名将军应具备的一切东西。尽管不是一名纳粹党员，隆美尔与希特勒所厌恶的那些传统固执的德国上层军官们截然不同。此外，隆美尔已经全身心地把自己与这个新政权联系在一起了。既非贵族亦非普鲁士人的他，来自于一个普通斯瓦比亚人家庭。他 18 岁参军，在第一次世界大战中是一名步兵军官，因在对意大利人的战斗中表现出非凡的胆识和勇气而获得了很高的奖赏。在两次世界大战期间，他写过几篇阐述步兵战术的优秀论文。他给希特勒的印象很深，所以在德国入侵捷克斯洛伐克和波兰期间，他被挑选担任元首贴身警卫队的队长。入侵法国时，隆美尔成了第七装甲师师长。由于有 30 年步兵作战的经验，他很快就展示出他在闪电战方面的天才。

在这位将军的领导下，第七师的装甲车一路轰隆地开过法国。由于他们行动神速大胆，一天就能开 150 英里，经常突如其来地出现在法军防线的背后，法国人把他们称作"鬼影装甲师"。纳粹的宣传机器为隆美尔大造声势，把他捧为新德国将军的典范。为了确保元首知道他在战场上的具体细节，隆美尔针对法国战役写了一份长长的叙事报告，并配以精心设计的地图，于 1940 年 12 月把一份副本交给了希特勒。

元首主意已定，他认为，这样一位军官会适合在一块不熟悉的大陆承担艰难的使命。他于 2 月 6 日把隆美尔召到了柏林。希特勒后来曾说："我之所以挑选他，是因为他懂得如何激励他的部队。"对于隆美尔来说，当一名独立的指挥官，尤其是在那样一个地方，恰好与医生给他开的药方相符合。给他治疗风湿病的那位医生曾劝告他："你需要阳光，将军。你应该待在非洲。"

当隆美尔于 2 月 12 日抵达的黎波里后，他立即需要关注的问题是让士气低落的意大利军队重新振作起来。他写道："必须马上采取办法使英国人的进攻停止下来。"在贝达弗姆大灾难后，英军已沿着公路向西移动了差不多 100 英里，到了昔兰尼加和的黎波里坦尼亚交界处的阿吉拉镇。在英国军队与的黎波里之间，只有 400 英里的路程。

隆美尔很快挑起重任，尽管根据希特勒和墨索里尼之间达成的一项微妙协议，他应该隶属于意大利指挥官。希特勒曾经挖苦地说："如果德国部队穿着意大利军服作战，那墨索里尼就很可能最高兴了。"德国空军已经开始绕过意大利人，直接向希特勒请示批准对最近失去的班加西港实施轰炸；而意大利人反对轰炸，因为他们的许多军官在那附近地区有豪华别墅。希特勒与墨索里尼斡旋，最终允许德国空军轰炸班加西的码头。

隆美尔接下来劝说已经取代格拉齐亚尼的加里波帝将军在的黎波里以东 250 英里的海边村庄塞尔特（比原计划的更要靠东）构筑一条新的防线。然后，在意大利两支步兵师和装备着 60 辆过时坦克的"亚丽埃特"

装甲师向塞尔特开进时，隆美尔也在为他的"非洲军团"的到来做准备。

第一批德国部队——一个侦察营和一个反坦克营——于 2 月 14 日靠岸下船。隆美尔命令他们当天晚上在探照灯照耀下马上卸下装备，尽管有遭到空袭的危险。第二天上午，他在的黎波里的长着一排棕榈树的广场上检阅了他手下那些穿着橄榄色制服和戴着木制头盔的部队（事实很快证明，木制头盔太脆弱，根本不实用，于是改戴后来成为德国"非洲军团"标志的尖顶形军帽）。不久以后，这两支部队便开进了沙漠。当他们 26 个小时后赶到塞尔特时，隆美尔乘坐侦察机也已经到达，他命令巡逻兵注意敌情。

一周多以后，在 2 月 24 日，在诺菲利亚以东 75 英里处，德军与英军第一次遭遇。第三侦察分队的装甲

1941 年 2 月，开往前线的德国第五轻型坦克师的"马克I"侦察坦克正经过宏伟的大理石拱门，这拱门是墨索里尼 1937 年在沙漠中修建的，用以标志利比亚的的黎波里塔尼亚和昔兰尼加两省的边界。

沙漠战的着装

1940 年，随着意大利人在北非的运气日渐没落，而德国人的干预变为可能，德军最高统帅部命令汉堡的热带研究所针对利比亚的恶劣气候设计军队制服及相关设备。随之产生的这套服装由镶边衬衫、领带、裤子、高筒靴和一顶太阳帽组成。衣裤是用耐磨的橄榄绿棉布做的。另外，也配有漆成了黄褐色的钢盔帽。德国空军有自己的制服——宽松的黄褐色棉布套装（最右图）。各种部队的将士都有一件羊毛大衣，用以防御沙漠中夜晚的寒冷。

一旦到了沙漠里，士兵们为了舒服，马上把制服改装了一下，不要那笨拙的太阳帽和束缚脖子的领带。他们也要求替换一些装束，如轻便帽、短裤、低筒靴和宽松的裤子。从 1941 年中期开始，凡是在北非服役超过两个月的士兵可以在手臂上佩戴"非洲军团"的标志（下图）。

在沙漠里待上几周后，许多士兵白天都改穿棉布衬衣和短裤。各种不同风格的服装，甚至从敌人那儿缴获来的衣服，也经常穿在身上。上图的这顶军便帽成了"非洲军团"的非正式标记。无情的阳光已把它烤得几乎变白了，但这是沙漠老兵的标志。

这是一顶装甲部队军官便帽，有一个由粉红色带子倒置而成的 V 字形，并饰有铝材金属管和银丝线绣的雄鹰。护目镜用来保护眼睛免受沙尘危害。

AFRIKAKORPS

30

1940 年的基本制服有德国军队的标准徽章，呈暗灰色、橄榄绿和赭色。多数服装以及长及膝盖的统靴的顶部都是由帆布网状织物做成的，因为皮革会因干燥和汗渍而变质。

　　德国空军地勤人员的制服是由非常宽松的意大利式裤子和开领的束腰外衣组成的。柔软的尖顶帽（上左图）本来有一根可套在脖子上的带子，但大多数人刚戴上这种帽子不久就把带子扯下扔掉了。

车队和摩托车队与英国的装甲车队和反坦克炮队交火。"非洲军团"的第一次战斗就取得了胜利,他们击毁了英军的3辆装甲车,抓获了3名英军,其中有1名是军官,而他们自己无一损失。

尽管隆美尔认为这是一个"好的征兆",不过他还是很惊奇英军很少出来活动。他刚来到利比亚时,就怀着一半的心情期待能在的黎波里发现敌军,但是他看不出英军有任何迹象要从他们在昔兰尼加的新基地继续推进。隆美尔未曾意识到的是在2月11日,即他抵达非洲的前一天,英国最高司令部已经决定撤走在北非的军队,以组织一支远征军赶赴希腊。对双方来说,希腊的形势都异常复杂,充满危险。意大利人的入侵像他们在埃及一样,并未获得什么成功;尽管装备很差,人员很少,但勇猛的希腊人使罗马军团连遭失败。英国首相温斯顿·丘吉尔怀疑,无论是在利比亚还是在希腊,希特勒都会被迫赶去援救他的轴心国联盟(事实证明,他的怀疑是对的)。丘吉尔本人也打算履行他早就对希腊人许下的诺言,即希腊在遭到德国攻击时,英国必须援助。在随后而来的军事冲突中,德国人将把英国人赶出大陆,把战争舞台移到战略要地克里特岛,在那里展开大战开始以来最血腥的一次战斗。

然而,此刻对隆美尔来说最重要的是意外的喘息。第五轻型坦克师的其他部队正在的黎波里登陆——古斯塔夫·波纳特中校的顶呱呱的第八机枪营于2月25日才到达，这使隆美尔有时间为沙漠战争准备人员。除了几次有关热带病的令人毛骨悚然的讲座外，"非洲军团"未受到任何专门训练，部队将士们对他们即将承担的使命实际上并没有准备妥当。例如，531炊事连带来的是烧木材用的炉子，结果发现沙漠里根本就没有树木，燃料必须从意大利用船运来。

部队的沙漠训练课主要包括连续不断的野外练习和学会如何穿越茫茫戈壁。同时，士兵们不用人教，自己就学会了如何忍受酷热和对付成群的叮住人就不放的黑蚊子、贪婪的沙漠跳蚤以及无孔不入的黄色沙尘。隆美尔要求自己和参谋部各位军官与士兵共患难。为了磨炼参谋部的意志，他把总部从的黎波里的"文明开化地区"移到了塞尔特的简陋营地。

"非洲军团"在人数上和沙漠知识方面都在增长，但在装甲师到来之前，隆美尔的心里一直不踏实。英国人和澳大利亚人一路向西追赶意大利人，他们追了500多英里的那种出色表现已经毫无疑问地证明了坦克在沙漠战争中的价值。为了营造出装甲力量的假象，隆美尔让设在的黎波里附近的车间制作了好几十辆木头加帆布的假坦克，装在"大众"车的车架上。即使在期待已久的第五装甲团于3月11日到达后，运来了150辆真正的坦克（其中80辆是动力更强的"马克Ⅲ"型和"马克Ⅳ"型），他仍然采用这一骗人花招。第二天上午在的黎波里检阅这支装甲部队时，为了给当地间谍密探

留下印象，隆美尔故意让那些还未涂上沙漠伪装色的庞然大物围着街区跑了几趟，以造成数量庞大的假象。

一辆由帆布和木头制成的假坦克放置在"大众"车的车架上。隆美尔在沙漠里布置了很多这种假坦克，用以迷惑对手，使对方误以为他的装甲部队力量庞大。这一招还真起了作用，在本来只有假坦克的地方，英军无线电却称发现了大批德军装甲部队。

手里有了装甲团的 37 毫米和 50 毫米加农炮，隆美尔觉得现在可以采取进攻了，尽管第五轻型坦克师的一些部队仍然还在路上。"现在，我们的机器慢慢开始行动了。"他在给他妻子露西的一封信中这样写道。尽管隆美尔接到的命令只是要稳住防线，但他口头上大谈特谈不仅要重新夺回昔兰尼加，而且要侵入埃及，一路向东打到 1500 英里之遥的苏伊士运河。

这位满脑子装着计划的将军于 3 月 19 日飞往柏林，以便为了这一次大规模的进攻战赢得他的上司们的支持和增援。希特勒利用这次机会给他授予了栎叶"铁十字"勋章，以表彰他在法国的功绩。但是，人人都在忙着准备即将到来的入侵希腊和俄罗斯的行动，根本无暇考虑派遣更多的部队去支援基本上被视为穿插表演的北非战场。

1941 年 3 月初，一批 22 吨"马克Ⅲ"中型坦克正在的黎波里码头卸下，它们的目的是去充实隆美尔的主要装甲部队第五轻型坦克师。车身矮、威力大、易操作的"马克Ⅲ"坦克装有 50 毫米大炮，其发射的炮弹在 1000 码以外能够穿透英军的装甲车。

德军最高统帅部以口头和书面两种形式指示隆美尔继续坚持防守，直到 5 月下旬第十五装甲师如期到来；到那时，他可以进行有限的进攻行动。如果成功的话，他可以长驱直入，一直打到昔兰尼加西部的阿格达比亚，但是，无论在什么情况下，他都不能把"非洲军团"推进到班加西以东地区。

从来都是自己做主的隆美尔回到沙漠后，很快便开始不按命令行事了。他同意对英国在塞尔特以东 175 英里的阿吉拉的先头部队立即采取进攻。隆美尔的根据是，由于有敌军的巡逻，要给驻守在南边 90 英里外的马拉达的一小股德国军队和意大利军队补充补给品是不可能的。显而易见的事实是，烦躁不安的隆美尔基本上不可能坚持防守；他一心想着要进攻。3 月 24 日，由第三侦察大队的摩托车队、装甲车队和汽车队组成的一支混合力量开进了阿吉拉，并且几乎不费一枪一炮就攻占了巴比亚峡谷旁边的一座小要塞。

英国军队如此快地放弃了阿吉拉，撤退到东北方向 30 英里外的山村梅尔莎－布列加。这使隆美尔感到奇怪，敌人似乎不像想象的那么强大可怕。德国空军的侦察、无线电通讯的窃听、隆美尔自己对战场的敏锐感觉（他的部下称其为"指尖上的直觉"或第六感觉）等种种迹象都暗示出英军的软弱。事实上，英军的力量比隆美尔感觉的还要脆弱。在重新整编部队派往希腊的过程中，有两个在北非击溃意大利军队的战役中表现出色的师已经被经验欠缺、实力欠佳的部队取代了。

英军在北非的总司令阿奇博德·韦维尔将军对自己军中的这些缺陷很不满意。部署在班加西一带、资源已被耗尽的澳大利亚第九师因为缺乏运输工具被迫把它 3 个大队中的一个留在托布鲁克。英国的老牌师"第七装甲师"实际上已削减到只有一个装甲大队在前线上与隆美尔对垒——它太缺坦克了，它的 3 个团中有 1 个只好凑合着使用缴获来的意大利坦克。

韦维尔认为隆美尔仅仅是在进行攻击性的巡逻战，而不是真正意义的进攻战。使韦维尔产生这一想法的原因是他截听了北非与柏林之间通过无线电进行的高级绝密谈话。英国人已学会通过密码破译机来破译出德国的代号为"超越"的密电，并仔细监听了德军最高统帅部的无线电通讯。韦维尔知道，柏林不允许隆美尔在5月下旬之前采取进攻战。而且像柏林的德军最高统帅部一样，他也期望隆美尔会服从命令。

韦维尔能读懂隆美尔的密电，但却读不懂他的心。3月30日，即占领阿吉拉一周后，"非洲军团"攻击了英军在梅尔莎-布列加的新据点。隆美尔后来写道，他在那个时候发起攻击，而不是等着第十五装甲师到来之后，是因为他担心敌人会加固城墙的高度。

随着第五装甲团向前挺进，站在坦克旋转枪架上的杰哈德·克莱因下士突然发现他的第一个敌人正疯狂地朝他冲来。克莱因正要开火，但马上看出那个出现的东西只不过是一头被吓得狂奔的骆驼，在它的后面才是咆哮而来的装甲车。英国人不是那么容易被打败的，德国人的进攻在密集的炮火下无法向前推进。但在下午晚些时候，隆美尔命令施图卡式轰炸机俯冲轰炸英军炮队，然后他又拿出他的第八机枪营，这是另一支装备精良的机械化步兵部队。德国的扫雷工兵清除了封锁道路的地雷，插上黑旗引导车队前进。同时，第二机枪营迅速通过山区，从侧翼包围了防守者。当天晚上，英国人放弃了梅尔莎－布列加。这座弹痕累累、到处都是白色房子的小镇回响着"非洲军团"新学会的战斗口号——"Heia safari！"

"Heia safari！"是非洲的班图语，翻译过来的意思是"乘胜追击！"这正符合隆美尔的心意。两天后，即 4 月 2 日，德军在斯特莱克将军率领下追了 50 英里，一直追到海岸公路的下一个城镇阿格达比亚。当天下午 3 点半，第五装甲团的几支队伍在公路以南进行了一次小规模的战斗，当时他们碰巧撞上一群巧妙隐藏在贝都因人帐篷里的英国巡逻坦克。德军马上从惊讶中反应过来，在威力强劲的 88 毫米大炮的支持下，他们击毁了 7 辆英军坦克，而自己损失了 3 辆。英军受不了这样的打击，因为它的第二装甲师现在剩下的坦克还不到 50 辆，而且即便不发生战斗，它的坦克因机械故障也会每走 10 英里损失 1 辆。

半小时后，阿格达比亚也被攻下来了。这时的隆美尔比任何时候都更肯定自己的计划。现在刚 4 月份，他已经取得最高统帅部定在 6 月初的目标。另外，他只是刚开始追击。他写道："我决定一直紧追撤退的敌军，争取一鼓作气地拿下整个昔兰尼加。"

第二天，当隆美尔整顿部队，准备向利比亚东部进发时，他那位名义上的意大利上司加里波帝将军赶到了阿格达比亚。加里波帝很气愤。他咆哮道："罗马和柏林都没有授权这次行动。"另外，供应情况也无法支持一次进攻战。两位将军正在愤怒地争论，这时，一名传令兵递给隆美尔一份电文。"沙漠之狐"大致看了看，便咧开嘴笑了。电文是德国最高统帅部发来的，隆美尔以胜利者的口吻宣布："柏林给我完全的行动自由。"

实际上，命令刚好相反：电文里给他提出了严厉的批评，并坚持要"非洲军团"停止前进——马上、就地停止。但是，隆美尔的虚张声势完全起到了作用。加里波帝让步了。隆美尔在4月3日写给妻子的信中说："我冒着风险违抗了所有命令和指示，因为进攻的机会就在眼前。"

隆美尔的下一步行动是，他摒弃了所谓"不得分化部队"的传统军事原则。他把他手下的德国及意大利部队打散分化成4支纵队，每个纵队都有坦克、装甲车和卡车运送的步兵。然后他叫他们保持大致平行的队伍，分别朝北和朝东挺进昔兰尼加半岛。一直很活跃的第三侦察大队率先沿着海岸公路向北挺进，占领英军放弃的班加西港，然后向东穿过沙漠，直捣梅智利的英军基地。第二支纵队——主要是意大利的机械化步兵师——跟随第一纵队到达班加西后，继续沿着海岸公路向德尔纳进发。在南边，第三支纵队由波纳特的机枪队和赫伯特·奥尔布里奇指挥的第五装甲团打头阵，将穿越沙漠经由姆塞斯绿洲向梅智利挺进。这支纵队将得到反坦克部队和意大利步兵的增援。最南边的一支纵队将直奔沙漠中心，

刺向昔兰尼加的四把利剑

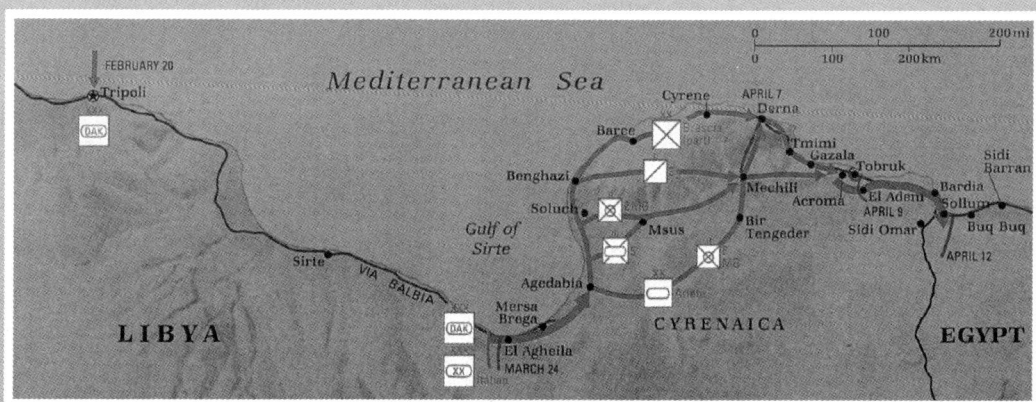

一心想占领整个昔兰尼加的埃尔温·隆美尔大胆地把德国"非洲军团"（DAK）和意大利第二十军分成4支进攻部队（如图中箭头所示）。1941年4月4日，他调兵遣将，横扫了从梅尔沙-布列加到古要塞梅智利之间长达200英里的沙漠地带。最南边的那支部队——由约翰尼斯·斯特莱克将军指挥的第五轻型坦克师及其他部队经历了沙漠中的艰难跋涉。但4天之后，这几支纵队以及从班加西和查鲁巴赶来的另几支部队在梅智利会合，并攻占了这座古要塞。在隆美尔的继续催促下，这些疲惫不堪的部队接着又帮助攻下了德尔纳，部队中的另一些人则向托布鲁克和埃及边境地区挺进。

通过一条古老的商旅小径前往梅智利以南 40 英里的腾格德尔。隆美尔希望，通过这 4 支强大部队的快速穿插，他可以截断正在撤退的英国军队，并迫使他们参战。

　　沙漠使一项本已艰难的计划更加复杂化了。除了海岸公路上的那支部队外，隆美尔的其他几支部队遇到了两个月前英国第七装甲师在贝达弗姆诱捕意大利军队时所遇到的同样残酷的沙漠荒原。汽车的车轴陷入柔软的沙中，不适应沙漠气候条件的引擎因过热而卡住，其他机器里塞满了沙尘。一队坦克在穿越一片干涸的盐碱地时，看到远处好像有一个巨大的湖泊，但等到走近才发现原来是海市蜃楼。

　　最糟糕的是，被贝都因人称作"基布利风"的狂猛的沙尘暴会突然袭击似的以每小时 70 英里的速度从撒哈拉大沙漠那边随风刮来。"基布利风"可使温度上升到华氏 130 度，乌云般的细沙尘使能见度降到零。隆美尔写道："沙尘像雨水一样猛打着汽车的挡风玻璃。我们用手绢捂着脸，这使我们呼吸时不得不痛苦地大口喘息。汗水顺着身体往下淌，热得简直无法忍受。"

　　隆美尔像一只母鸡（或老鹰）一样看着自己的手下人遭受这些考验。当他不在士兵们中间时，他就在头顶的侦察机里，时而四处盘旋看看有没有走失的部队，时而低空飞行，鼓励将士们继续前进。一天早晨，他把一支正在撤退的英军车队误认为是自己的部队，差一点

一场沙暴淹没了道路，一辆半履带式指挥车的士兵们正在挥锹清理道路。紧跟在指挥车后面的是有红十字标志的医护车。

儿降落在了他们当中。当飞行员和隆美尔看清了英国兵头上戴的钢盔时，飞行员在最后时刻把飞机拉了起来。隆美尔甚至经常不让飞机着陆就发号施令。一支机械化部队疲惫不堪地停下稍稍喘息时，抬头看了一下，只见一个小盒子从飞机上掉下来，盒子里的命令是："你们再不立即前进，我就下来了。隆美尔。"

空军侦察兵的报告精确地标出了隆美尔想要寻找的目标。大批撤退的敌军士兵正在熙熙攘攘地挤进土耳其人当年在梅智利修筑的一处要塞。隆美尔立即命令3支沙漠纵队向那里汇合。不过，说来容易做来难。4月6日清晨，隆美尔本人离要塞只有十几英里了，但他身边只有几个人。尽管他做了最大的努力，情况还是很糟糕，他的大批部队还散落在沙漠之中，没有燃料，饱受沙尘暴之苦，不知道确切位置。一些部队，尤其是拥有最多坦克的第五装甲团，根本不在无线电联系范围内，好像整个儿消失了。

因为延误正极不耐烦的隆美尔找到了第五轻型坦克师指挥官斯特莱克将军，命令他当天下午3点发起进攻。当斯特莱克顾虑地说他的部队几乎还没有多少人赶到时，隆美尔勃然大怒。此刻，他穿着羊毛长裤和灰色紧身上衣，正站在那儿汗流浃背，而他那位下属穿的是凉爽的卡其布短裤，他禁不住大声咆哮，说斯特莱克是一个懦夫。斯特莱克也同样愤怒地抓着他的衣领，愤愤不平地解开他去年在法国因为勇猛而获得的"铁十字"勋章，并威胁着说要把它扯下来扔在隆美尔脚下，除非隆美尔马上停止对他的侮辱。隆美尔假惺惺地道了一声歉，心里却暗暗发誓要尽早除掉斯特莱克。

这是隆美尔心情不太好的时候。他的助手们都很疲倦，变得极度灰心丧气，同时还担心柏林今后会说些什么。而即使在心情最好的时候，隆美尔也不是一个容易相处的人。他的一位朋友后来说："他极度地苛刻，不仅对别人，对他自己也是。他的身体内好像有一台永不停息的发动机。因为他自己毅力非凡，他也要求他的下属们同样如此，而根本没有意识到普通的正常人都有身体和心理上的极限。"

两天过后，隆美尔才集合起足够的部队攻打梅智利。大多数士兵都已被沙漠中的磨难拖垮了。连隆美尔自己在 4 月 8 日上午写给他妻子的信中也不得不承认："我们这几天一直在茫茫无边的沙漠中作战，我们已没有空间或时间的概念。"

等待了这么久的隆美尔由于一系列的不幸遭遇错过了接下来的大部分行动。他坐在高高的飞机上观察战斗，有一次遭到了 150 英尺下一支受惊吓的意大利步枪营的射击。幸好未被子弹击中，事后隆美尔还刻薄地说："这说明意大利人的射击水平确实不够好。"几分钟后，隆美尔让飞机降落，想跟孤零零的一门 88 毫米大炮的炮兵们谈谈。疏忽大意的飞行员在降落时让飞机碰到了一座沙丘，折断了起落架。恼怒的炮兵们承认他们正在试图找到其他炮兵队的位置，他们迷路了，炮也没法用了。隆美尔打旗号让一辆卡车停下，结果这辆卡车被沙尘暴困住了。与此同时，战斗仍然在进行之中。德国和意大利军队的炮火齐射使英国和英联邦国家的军队根本无法逃脱。然后，在手边仅有的几辆坦克和平行射击的防空炮火掩护下，步兵们向要塞发动了猛攻。

等隆美尔以及落伍的第五装甲师当天上午晚些时候终于赶到梅智利时，要塞已被攻下，抓获了近 2000 名俘虏。在被俘的人中有 70 名军官，包括英军第七装甲师师长迈克尔·甘比尔佩里少将。另外还有一笔丰厚的意外收获：好几辆适用于各种地形的武装指挥车，它们被英军用作流动指挥所。隆美尔立即把其中一辆像公共汽车一样宽敞的指挥车派上用场（它太大了，隆美尔的参谋们把它戏称为"猛犸"），而且还发现了一件有用的战利品：一副超大号护目镜。自此以后，戴在隆美尔尖顶军帽上的这副缴获来的护目镜成了"沙漠之狐"众多照片上的一个引人注目的标志。

在4月8日这一天，隆美尔驱车50英里赶到海岸边的德尔纳，在那里，"非洲军团"取得了另一场大捷。两天前，他曾命令波纳特上校的第八机枪营截断英军沿巴比亚谷地的逃亡路线。波纳特及其手下的机枪手们为了阻止英国人的一次突围，几乎快要弹尽粮绝，但他们感到很自豪，他们抓获了900多名英军作战人员，包括4名将军。其中一位将军是英国和英联邦国家驻守利比亚的所有军队的指挥官菲力普·尼姆中将。另一位是尼姆的前任、仅在5天前刚从埃及来监督尼姆的理查德·奥康纳将军。

奥康纳和尼姆被俘一事（两人是在晚上走错方向后在没有卫兵保护的汽车里被活捉的）充分说明了这场奇怪战争的运气可以像沙漠的沙尘一样变化神速。仅仅两个月前，那位精瘦结实的小个头爱尔兰人奥康纳曾率领英国装甲军一路向西横扫昔兰尼加地区。而现在，隆美尔扭转了局面，乘坐一辆缴获来的"猛犸"指挥车滚滚向东而来。正是这种指挥车载着奥康纳打赢了意大利人。

已经违抗命令横穿昔兰尼加2/3地区的隆美尔于

4月10日冷静地告知他的"非洲军团"：下一个雄心勃勃的目标是苏伊士运河。作为该计划的第一步，德国必须占领德尔纳以东100英里的战略要地托布鲁克港。位于海岸公路边的托布鲁克控制着进入埃及的交通运输线。该城也是班加西以东最好的海港，能够缓解隆美尔的后勤问题。他的部队现在每天要消耗1500吨的食品、水和其他补给品，其中的大多数是从的黎波里沿着1200英里的蜿蜒公路拖运来的。

在对托布鲁克发起攻击时，隆美尔匆忙调集第三侦察装甲车队、第八机枪营和一支反坦克炮兵营组成先头部队。他不用约翰尼·斯特莱克率领这支部队，而选用第十五装甲师师长海因里希·冯·普里特维茨少将，尽管普里特维茨的部队刚刚开始在的黎波里登陆。普里特维茨急于参战，他已先于他的部队飞到前线。但是，他的第一次沙漠之战也成了他的最后一次。4月10日临近中午时分，在离托布鲁克6英里的地方，他正站在指挥上指挥他手下的一班新人时，一枚反坦克炮弹击中了汽车，这位将军和他的司机身亡。

几个小时后，当隆美尔正在托布鲁克南边进行侦察时，只见一辆英国指挥车风驰电掣般地向他这边冲来。这是斯特莱克将军的部队曾经缴获的那种指挥车。隆美尔命令一名士兵架起机枪正要准备射击时，指挥车来了一个急刹车，从车里跳出斯特莱克，他大声叫喊着普里特维茨阵亡的消息。隆美尔气愤地插进话说："你怎么

在巴底亚附近的一处岩石峭壁的底部，一名德国机枪手正通过双筒望远镜搜寻沙漠中英军防守者的动向。在8天中行进400英里后，隆美尔的第三侦察分队于4月12日攻占了埃及边境地区的港口城市巴底亚。

Mediterranean Sea

Fort Perone

VIA BALBIA

Tobruk

Fort Airenti

Fort Solaro

Fort Pilastrino

AIRFIELD

AIRFIELD

Fort Marucci

RAS EL MADAUER

BLUE LINE

KING'S CROSS

RED LINE

0   5mi

0   5km

托布鲁克周围密集的防守圈是意大利工兵为了打败英国人而修筑的（见插入图中的地图），但现在却落在英联邦军队的手中。这个防守圈成了隆美尔前进道路上的一道难以逾越的障碍，令他使出浑身解数也难以攻破。由铁丝网、反坦克沟壑及钢筋水泥掩体构成的托布鲁克外层防线首先挡住了德军机枪手和装甲兵发起的头几轮进攻（下图）。1941年4月30日，隆美尔的部队向托布鲁克渗透了两英里，但内层防线——由地雷区、更多的铁丝网、装备着反坦克大炮、迫击炮和榴弹炮的坚固据点组成——同样发挥出色，顶住了隆美尔的全面进攻。使他感到惧怕的还有那些不敢随意闯入的复杂地形，一片到处都是山岗和缓坡的战场给了防守者很大的周旋余地。其中许多防守者是以顽强抵抗著称的澳大利亚军人，他们的司令员、难以啃掉的莱士利·詹姆斯·莫谢德少将警告说："绝对没有投降和撤退的事。"

敢驾着一辆英国车在后面追我？我正要命令向你开枪。"

"如果那样的话，将军先生，"斯特莱克尖刻地说，"那你一天之内就损失了两名装甲师师长。"

如果说斯特莱克在以前还未完全疏远隆美尔的话，那他现在开始了。隆美尔愤怒地命令这位将军和他的下属第五装甲团团长赫伯特·奥尔布里奇上校继续向前推进，根本不顾部队将士们想要休整一下和补充给养的请求。

隆美尔知道意大利人以前曾在这一地区修筑了大量的防御工事，他要他的同盟军提供一张地图。不知是什么不可知的原因，意大利人花了一周时间才弄出一张地图，而隆美尔看了这张地图后还是没有完全弄清这些防御工事的实力。澳大利亚人已经对意大利人原来修筑的那道长达 30 英里的半圆形防线做了重大改进。在这道防线的周围是一条深 11 英尺的反坦克沟壑，沟壑两边埋有地雷，布满了铁丝网，每隔 500 码的距离就有一处隐蔽得很巧妙的钢筋水泥掩体。

这些戒备森严的防御工事由 12000 名澳大利亚人、英国人和印度人把守着，加上非战斗人员，总共有 36000 人。澳大利亚步兵的 4 个完整独立大队拥有几十辆坦克和 4 个炮兵团，他们的 25 磅重的炮弹威力很大。这几支部队都是硬骨头，温斯顿·丘吉尔给他们的指示是，托布鲁克"必须坚守至死，毫不考虑退让"。

然而，隆美尔却相信，他面对的是一支准备做敦刻尔克式大撤退的弱旅。他先是采取深入穿透的进攻法，结果造成的伤亡比预计的要高，后来只好发动猛烈的轰击。4月12日，星期六，第八机枪营和20多辆装甲车一道发动了一次深入穿透，结果深陷在反坦克沟壑里动弹不得。这沟壑用一层薄板和沙土很巧妙地隐蔽了起来，德国人直到陷了进去才知道上了当。第八营只好在寒风中挖了一个晚上的战壕。第二天，即复活节，隆美尔在地图上谋划了一次类似于在法国进行的闪电战式的、由步兵和装甲兵组成的进攻。他是这样描述这一战术的："集中优势兵力于某一点，采取强行突破，攻占两翼，然后在敌人还未来得及反应之前像闪电一样穿透进去，直插敌人的后部。"这次进攻计划定于4月13日黎明时分开始。为了掩护进攻，波纳特上校派遣他手下的一支机械化轻型高射炮炮队开到铁丝网边缘，然后叫第十八高射炮团用88毫米口径大炮在后面支援。但是，他们还未来得及架好大炮，澳大利亚军队的25磅重型炮弹就密集地齐射过来，差不多使他们全军覆没。没有炮兵的支持，波纳特的士兵们被猛烈的敌军炮火阻挡在反坦克沟壑里。倔强的德国人再一次痛苦地挖了一夜的战壕，进行原地固守。

当晚后半夜，波纳特按计划率领500名重型装备士兵攻击环形防线的中心地带，然后摆成一条宽达500码的阵线向对方防线渗透。经过一阵混战，波纳特的人在澳大利亚军队的掩体上建立了桥头堡，尽管他们并不知道这一点，因为在黑暗中不可能看清与地面平行的据点。他们靠近了反坦克沟壑，用炸药炸开一个大口子，这样装甲车就可以通行了。波纳特还设法调来了一个反坦克连。

在第二天黎明前，隆美尔预计一定会成功的托布鲁克战役打响了。第五装甲团在奥尔布里奇的指挥下以排山倒海之势发动了猛攻。该团部署了它能够调集到的所有"马克 III"型和"马克 IV"型坦克——150 辆中的 24 辆。顺着前一天晚上开辟出的道路，装甲车穿过沟壑，与第八营会合。坦克兵们邀请波纳特的步兵爬到坦克上来，一同投入战斗。他们不费一枪就向前渗透了两英里。然后，随着黎明的到来，德国人才意识到他们已被引入了一个陷阱。隐藏的英军从前面、侧面和后面同时开火，顿时，如一名装甲兵指挥官所说，桥头堡成了"一锅粥"。

装甲兵疯狂地予以还击，而步兵们纷纷从坦克上摔下来，四处去找掩护的地方。盟军的枪炮手们离得太近了，他们视野开阔，用 25 磅重的炮弹和反坦克火力近距离平射。一颗炮弹掀掉了一辆"马克 IV"型坦克的旋转炮台。德军的反坦克部队突然发现自己的侧翼遭到英军重型坦克"马提尔达"的攻击。几分钟内，奥尔布里奇损失了 11 辆坦克，差不多损失了他的一半力量，而伤亡人数无疑还要增加。奥尔布里奇命令一边还击一边撤退。

然而，波纳特（在利比亚的昔兰尼加就因勇猛而获得过"铁十字"勋章）却倾向于要跟他的第八机枪营坚守阵地。10点左右，该营击退了澳大利亚人的一次进攻，但是伤亡却很惨重，波纳特试图率领他这支已暴露的军队撤回到一处缓坡上的掩体内。这位上校刚走不到20码就被打死。这一下，整个营崩溃了。一些士兵设法到达了安全地带；波纳特手下幸存的一名军官带领其余部队向澳大利亚人投降。在那个复活节星期一参加战斗的500人中，只有114人逃脱了死亡或被俘。

此前早些时候，隆美尔还命令一支由装甲车和机械化步兵组成的先遣队绕过托布鲁克，直接穿越沙漠朝东边75英里以外的埃及边境地区进发。这支由马克西姆·冯·赫尔夫上校率领的先遣队很快攻占了边境上的巴迪亚和卡普佐两个兵站。赫尔夫还占领了索卢姆，并在不久之后，又占领了埃及境内的战略要点"哈尔法牙关"。但是，只要托布鲁克仍然在盟军手里，威胁着德军的侧翼和后方，赫尔夫的这支先遣队不敢再冒风险往前推进。

对于隆美尔和他的"非洲军团"来说，在接下来的几周里一直未能啃下托布鲁克这块硬骨头，是一件很痛苦的事。他把复活节星期一的失败归罪于斯特莱克和奥尔布里奇，责怪他俩缺乏果断决心。这两位军官将在5月底之前"骑着骆驼回家"（"非洲军团"士兵们对解除职务的说法）。4月15日，新的部队到达，并马上投入战斗。与此同时，隆美尔在4月16日也尝到了他自己的第一次失利，当时，他命令向托布鲁克的西侧发起进攻。他挑选的部队是意大利"阿里埃特"装甲师和"特伦托"步兵师，由德国"非洲军团"的军官们指挥。但是，"阿里埃特"装甲师因为机械故障已经损失了将近90%的坦克，剩余的队伍遭到了澳大利亚炮火的重创。而那支意大利步兵师在对付澳大利亚人的一次反攻时被打得溃不成军，其中的800人当了俘虏。

隆美尔也许已经预料到这一失败。他在第一次世界大战中与意大利人交战的经验使他一直瞧不起他们的作战能力，而且现在好像也没有什么改变。正如他在给妻子的信中写道："对意大利军队不要抱有多大信心。"训练糟糕、装备不足、指挥无方的意大利军队尤其经受不住澳大利亚人的夜间袭击。澳大利亚人穿着绉胶鞋底的沙漠靴穿过乱石成堆的沙地，悄无声息地朝意大利军队靠近。4月的一个早晨，隆美尔在巡视意军阵地时，吃惊地发现好几百顶丢在一旁的太阳帽，帽子上插着意大利一个步兵团的吉祥物——黑公鸡羽毛。这无声地说明，意大利军队的一个整营在晚上已成了俘虏。隆美尔因而宣布，他将严惩在面临敌军时任何表现懦弱的军官。

无能的意大利同盟军以及下属军官们只不过是隆美尔很容易就可以找到的替罪羊。其他一些因素也预示了"非洲军团"将不可能夺取托布鲁克。首先，防守军在人数上多于围攻军，比例接近二比一。另外，自开战以来，无论是在波兰、斯堪的纳维亚半岛、西欧低地国家，还是在法国，德国军队在好长一段时间里都未曾遭遇到如此指挥有方、如此士气高涨的一支劲旅。最后，已经习惯于通过闪电式作战速战速决的德国军队缺乏静态战争的经验。在经历了横穿昔兰尼加半岛的快慰之后，围攻战的沉闷加剧了战斗的辛苦程度。士兵们都喝不惯沙漠地区略含盐分的水，有人说这水"看上去像咖啡，喝起来像硫黄"，而且不断抱怨十分糟糕的伙食。没有水果和蔬菜，甚至没有德国人爱吃的土豆（土豆在炎热的沙漠里容易变坏）。士兵们主要吃的是无法咽下的意大利听装罐头牛肉，每个罐头上打有 AM 两个缩写字母，德国人把它称之为"墨索里尼驴肉"或"老家伙"。处于最前线位置的部队只有在夜间才能得到补给品。这些德国兵一整天都在挨饿，蜷缩在他们在多石的地面上好不容易挖掘出的各种浅坑里，忍受着烈日和蚊虫的折磨，而且一旦稍有动静，就会遭到澳大利亚狙击兵的一阵集中扫射。

这种不舒适和危险在消磨着士气。一名士兵在他的日记里写道："三连已经有不少人死的死，伤的伤。一切很令人沮丧。在营地里，人们脸色苍白，眼睛下垂。他们的神经快要到了崩溃的极限。"唯一的一点小小的安慰是在晚上收听南斯拉夫电台，他们收听一个声音粗哑的女人唱一首名叫"丽丽·马琳"的歌，

这首歌讲述了一名士兵和他的女友在军营大门旁的故事。晚上9点，贝尔格莱德电台的空中电波准时到来，士兵们在战壕里轻声和着那名女歌手一起唱。就在附近不远处，澳大利亚士兵们也在听着，轻声地唱着。在黑暗中有那么一会儿，这些在一个已被上帝遗弃的、远离家乡的沙漠里战斗的士兵们，彼此之间好似有一根奇怪的纽带联系着。

　　隆美尔跟他的部下一样面临着危险。在4月中旬，他有两次侥幸逃脱死亡：当他同几位下属谈话时，一发炮弹的弹壳打死了其中的一位下属；另一次是低空扫射的英国皇家空军战斗机使他的指挥车上的司机受到了致

为了抵御炎热而穿着短裤的德国士兵正在认真地擦拭武器上的沙尘。他们的头上戴着网状织物，是为了躲避成群的、无处不在的沙漠蚊子。

命伤。但是，比这些危险更让他万分恼火的是，德国最高统帅部对他的作战指挥已越来越不满了。

4月27日，自20世纪20年代以来一直是隆美尔战友的弗里德里希·冯·保卢斯中将来到北非，很明显是带着柏林的一项任务来的。保卢斯现在是德国最高统帅部的一名副参谋长，他正在抓紧宝贵的时间策划对苏联的入侵。他这次被派往利比亚，是因为隆美尔的作战行动已使参谋长弗朗兹·哈尔德上将大为惊愕。哈尔德是一名严谨刻板的参谋长，他对这位因得到希特勒青睐而迅速荣升的斯瓦比亚人从来就没有多大的热情。他现在深信，正如他在日记里所写的："隆美尔根本就不能胜任职责。"首先，隆美尔公然违抗命令，不顾一切地横扫了昔兰尼加地区。此刻，他又深陷在托布鲁克，损失惨重。哈尔德最终认为，保卢斯是"唯一具有足够个人影响力可以劝阻这位纯粹已发疯的叫作隆美尔的人"。

4月30日，即他到达后两天，保卢斯目睹了自开始以来对托布鲁克的最猛烈的攻击。隆美尔的目标是要控制209号高地，因为正是从那儿，澳大利亚炮火队威胁着德军的供应线。当天晚上6点半左右，在炮兵队和施图卡式俯冲轰炸机的一阵猛烈轰炸后，德军坦克和步兵——包括新到的、期待已久的第十五装甲师——从南北两侧向那座山头发动进攻。他们从山后攻占了209号高地，然后转而攻打托布鲁克。他们排成一个3英里宽、

2 英里深的楔形队形冲进环形防线以内。夜间，装备着喷火器的战地工兵冲上前去喷射火焰，使附近据点里的盟军不得不从隐蔽处跑出来。

第二天早晨，炮兵还在继续轰击这一地区，隆美尔进入已被攻占的掩体，"像任何一位前线步兵一样匍匐前进"。德军对防线内圈的进攻却不容易，在接下来

在围攻托布鲁克的战役中，德国炮兵们正用金属摇架把一枚重磅炮弹推进大炮里。为了避免碰损，这些炮弹在由船只从德国运来的途中用麦草包裹着（图中背景处）。

的几天里，尽管隆美尔增加了援军，但双方一直僵持不下。5月4日，为了扩大突出阵线，"非洲军团"付出了这次战斗开战以来最惨重的一次伤亡——1200多人阵亡、受伤或失踪。保卢斯命令隆美尔停止进攻。事实上，保卢斯被伤亡的惨重和战斗的艰苦吓到了，他在回柏林前，坚决要求隆美尔保持防守，直到供应短缺的问题得到缓解。

连隆美尔最后也不得不相信，"我们的力量不够强大，还不能发动大规模攻击去占领那个要塞"。但私下里，他抱怨说，他的手下人因为"缺乏训练"遭受了一些不必要的伤亡。他继续包围着托布鲁克，但只进行有限的巡逻和炮兵对打行动。战斗的焦点转移到了东边75英里的埃及边境地区，在那里，马克西姆·冯·赫尔夫的6000名德国人和意大利人组成的战斗群正集中火力对付英国巡逻队。隆美尔通过无线电窃听到，那里的战斗将很快变成一次英军旨在缓解托布鲁克局势的全面进攻。

5月15日黎明时分，英国派出了55辆坦克和2个步兵大队参加进攻。赫尔夫很巧妙地一边打一边从哈尔法牙关、索卢姆和卡普佐撤退。英军坦克一路径直深入到利比亚境内十多英里的西迪阿则兹，但在那儿，他们遇到了顽强的抵抗。意大利军队终于勇敢地战斗了一次，他们赢得了一位德国军官的赞扬。赫尔夫写道："他们与敌人搏斗，一直坚持到最后。他们懂得如何毫不畏惧地去死。"

第二天上午，德国人掌握了战斗的主动权。由隆美尔派过来支援的第八装甲团第一营和一个高射炮队赶到了西迪阿则兹。只剩下15辆坦克的赫尔夫马上在索卢姆对敌军的侧翼发动了一次突然反攻。损失18辆坦克的英军于5月16日下午向东南方向撤退到哈尔法牙关。这是战斗的尾声了。代号为"简洁行动"的这场进攻战持续了不到两天。英国人损失惨重，最后只是重新夺回了哈尔法牙关，而这个要塞他们将不会坚守得太久。

如果隆美尔允许他的对手占据哈尔法牙关高地，那他的部队在托布鲁克外围将很容易遭到尾部进攻。同样重要的是，哈尔法牙关那高达500英尺的悬崖把埃及的沿海平原与利比亚的沙漠高原分隔开来，它是装甲车朝东西两个方向进攻的主要通道。所以，5月26日晚上，隆美尔再次派遣汉斯·克拉默上校的第八装甲团及其支援力量从西南方攻打关隘，同时让第104步兵团的一个营从东北方向发动正面进攻。在威勒姆·巴赫上尉（来自德国曼海姆的一名50岁的福音教派牧师）的富有感召力的指挥下，步兵们冲上蛇形道路，与防守者展开了徒手搏斗。几个小时后，他们到达了关隘的顶部，与从相反方向开过来的装甲兵会合。

这一天是 5 月 27 日，星期二，是埃尔温·隆美尔第一次看见浩瀚的北非沙漠后的第 15 周。在这段时间里，他的"非洲军团"挽救了德国的意大利同盟军并向东推进了 1000 多英里。现在，已经重新夺回哈尔法牙关的德国人站在了通往埃及心脏地带的门户上。

一支沙漠军团的形成

德意志第三帝国没有哪一位军事人物像"沙漠之狐"埃尔温·隆美尔将军那样有名。作为一名充满活力、勇气和感召力的领袖人物。他体现了"闪电战"精神，正是这种精神使德国军队在战争的开头两年里取得节节胜利。至于他在北非的作用，一名崇拜他的部下把他描述为"德军战斗的关键灵魂和驱动力"。

隆美尔的军事指挥才能因他的戏剧性天资而得到提升。他的形象是精雕细琢、自我形成的：围巾、皮大衣、架在他那顶军帽上的英国造护目镜使他成了一名精神抖擞、适宜拍照的人物。这位"非洲军团"司令成了纳粹新闻媒体的受宠对象。一名将军同僚不无讽刺地记录道，隆美尔"无论去哪里，往往都有一大群摄影师随同前往"。不过，约瑟夫·戈培尔却很赞赏隆美尔意识到"战斗宣传的极端重要性"，他同意给隆美尔的参谋部派遣一名宣传部的高级官员。

隆美尔的赫赫大名使盟军指挥官们变得越来越焦虑不安，因为盟军士兵把这位"沙漠之狐"当作了一名军事超人。1942年3月，英军驻北非司令克劳德·奥金莱克将军在一份备忘录里给他的高级军官们提出要解决这一问题，他写道："目前存在一种危险，我们的朋友隆美尔成了我们部队眼中的一个魔法师或假想的怪物。我希望你们要采用一切可能的手段打消这一想法，隆美尔只不过是一名普通的德国将军而已。"连温斯顿·丘吉尔的注意力也被隆美尔的不可战胜的神话吸引住了，这位首相感叹道："隆美尔！隆美尔！隆美尔！除了打败他，其他还有什么是重要的？"

隆美尔经常接受战地记者的采访
（上图）。1941 年 5 月，他出现在《信
号》杂志的封面上（内置小图）

亲临前线视察

隆美尔对后方的安全不屑一顾，也不相信"第二手获得的报告"，他每天都要亲临前线视察，以获得"对战场的真正了解"，他认为这是胜利的关键。隆美尔的一位军官回忆说："他在视察前线时，看到了一切情况。如果大炮没有伪装得很充分，如果埋藏的地雷数量不够，如果常务巡逻兵没有足够的弹药，隆美尔都要亲自过问。"

当他的单引擎飞机停在左边时，戴着遮阳帽的隆美尔正在与一支机械化纵队的军官们商谈。隆美尔经常亲自驾机飞行。

　　穿着皮大衣的隆美尔正在一辆指挥车上发布命令。他的流动指挥所由6辆
坚固耐用的装甲车组成。

1941 年 5 月，经过 3 天的战斗后，隆美尔表彰德国和意大利的一支联合部队守住了哈尔法牙关。

1942 年 6 月，在攻下托布鲁克后不久，隆美尔与一名士兵交谈。这位将军声称："我要把一切归功于我的士兵们。"

让部队感觉到
不朽

"最重要的是,"隆美尔曾宣称,一名指挥官"必须与他的部下尽量建立起一种个人的、同志般的关系"。

他写道,通过这样的"心理控制技巧,部队的作战能力可以大大地提高"。

为了达到这样的目的,"沙漠之狐"非常注重在普通士兵中走动,与他们一同吃饭,同甘苦,共患难。一名参谋部军官记录道:"将军觉得非常有必要见一见那些直接面对敌人作战的士兵,他愿意跟他们说话,爬到他们的掩体中跟他们聊上一会儿。"这样做的结果是使"非洲军团"的士兵们与他们的司令之间建立起了一种精神上的纽带关系。隆美尔的作战行动官弗里德里克·冯·梅伦廷少校写道:"他知道如何让部队感觉到某种不朽。"

在炎热的沙漠中穿着轻便衣服的隆美尔从一辆坦克上跳下来。这位 49 岁的将军坚持认为自己感觉"身体特棒"。

严厉无情的
前进步伐

隆美尔好像不知疲倦地一直都在运动中。一名曾当过滑雪冠军的军官写道："他具有马的精力，他的精力超过比他年轻 20 岁或 30 岁的人。"

然而，私下里，隆美尔承认，他那种让人受不了的行军方式"使一个人的体力达到了筋疲力尽的极限"。他忍受着黄疸病和高烧的多次发作，还受到慢性胃炎的折磨。一名参谋部军官回忆说："将士们都知道，隆美尔对他自己最严厉无情。"为了好好照顾他，士兵们从当地阿拉伯人那儿买来水果、蔬菜和家禽，替换他那斯巴达式的简单食谱。

在一次前线巡视中，隆美尔手下许多年龄只有他一半的参谋人员们艰难地跟着他的步子。他曾断言："一名指挥员的冲劲和精力经常比他的智力还重要。"

2. 沙海中的激烈战斗

阿奇博德·韦维尔将军的"简洁行动"计划遭受了惊人的惨败，而给他带来这一惨败的埃尔温·隆美尔并没有把时间浪费在品尝胜利的滋味上。隆美尔仍然面临着双重难题：既要继续围攻托布鲁克，又要准备击退英军从埃及发动新的反扑。不过，他对最后的胜利是有信心的。他曾说："很明显，敌人不久就会展开一场新的进攻。他们会发现我们已准备好打败他们。"

一支庞大的德国军队要准备打一场防御战，这是大战爆发快两年以来的第一次。1941年的4月和5月，隆美尔对托布鲁克的进攻一直没有结果，不过，他从中学会了一些经验教训，他自己现在要沿着埃及边境从地中海边的索卢姆穿越20英里的沙漠一直到西迪欧马修筑一系列据点。他决定在哈尔法牙关修筑一个要塞式据点，以建立起边界防线，因为这个关隘既控制着通往索卢姆的海岸公路，又控制着埃及沿海平原和利比亚沙漠之间的交界地区。隆美尔命令在关隘的山脚埋下大量地雷，同时在关隘的上端四周部署大炮，并在隐藏的地堡里配备反坦克机枪。

隆美尔手下有一支部队装备着一种新式的炮管长

1941年11月，在"十字军战士行动"开始的那个晚上，一队英国炮兵向黑夜中发射25磅重的炮弹。一名苏格兰军官把接下来的这场战斗描述为"一种新型的战斗，几乎看不见敌人，只看得见天际线上飘洒的尘土"。

50 厘米的反坦克大炮。它拥有高度准确的瞄准器和简单的新兵很快就能学会使用的射击装置。而哈尔法牙关守军的主要装备是十几架炮管与地面成水平角度的 88 毫米防空大炮。这些威力强大的高射炮可以发射出穿透铠甲的爆炸力极强的弹药，其瞄准器上安装有浅色镜，使炮手即便在沙漠阳光的照耀下也能舒服地瞄准。

一支意大利炮兵连外加缴获来的一批武器，包括一些重新夺回的意大利大炮，进一步加强了哈尔法牙关的防御能力。隆美尔的名义上司意大罗·加里波帝将军反对在没有他同意的情况下使用那些捡回来的意大利武器，但隆美尔对他的话漠然置之。"这些枪炮中有相当一部分是由德国车间重新组装的"，隆美尔后来这样道。意大利人"一直是心甘情愿地站在一旁观看这些东西运到车间销毁处理的，而当第一批由这些残片重新制造出来的枪炮为我们所用时，他们就开始嚷嚷了"。

隆美尔把哈尔法牙关的指挥权交给威勒姆·巴赫上尉，即那位昔日当过牧师的好战分子，他的营队参加过 5 月底再次夺回这一战略要地的战斗。隆美尔命令从哈尔法牙关向西沿着沙漠高原修筑同样的要塞。这条新的防线有多处据点，包括卡普佐村以南 5 英里左右的 206 号据点和俯视卡普佐南翼的哈菲德山梁上的 208 号据点。如果巴赫指挥的德国和意大利军队能够守住哈尔法牙关，那其他据点就会形成一个很宽的弧形，逼迫英国装甲部队进入沙漠作战。

　　在轴心国控制的哈尔法牙关，一个用石头堆成的POW标志（图中下右角）警告英国皇家空军飞行员，这里是英军战俘区。哈尔法牙关是机动车辆可以从海岸平原越过500英尺坡地进入沙漠的几个通道之一。

隆美尔把防守边防线的重大责任分配给瓦尔特·纽曼－西尔考少将指挥的、拥有 80 辆坦克的第十五装甲师。他把他的另一支装甲师——约翰·冯·拉文斯坦少将领导的第五轻型坦克师安插在托布鲁克的南边。从那儿，可以根据情况需要对索卢姆前线或托布鲁克两处实施打击。隆美尔的大多数装甲兵（总计 249 辆坦克，包括约 150 辆陈旧过时的意大利 M-13/14 型坦克）被部署在托布鲁克的封锁线一带。然而，他的主要担心不是数量多少，而是燃料是否够用。他预测道："我们的行动将更多地取决于汽油的用量，而不是战术上的要求。"

在 6 月份的第一周里，德国空军侦察兵发现英军后方正在大规模地调运部队。6 月 14 日，隆美尔通过监听敌军电台得知，英军的进攻将于第二天早晨开始。他命令所有部队保持警戒，为了预先阻止托布鲁克的英军发动任何攻击行动，他在当天晚上月亮升起时便开始用大炮轰击城里。隆美尔的战斗命令简洁明了，一语中的："哈尔法牙关一定会守住的！敌人一定会被打败的！"

英国和英联邦国家的军队没有这么充分的准备，也没有这么自信。由于"简洁行动"计划的失败，韦维尔将军在上一年冬季对意大利军队的推进在今年 4 月份又被隆美尔推回到自己的门槛边，他心里承受着来自伦敦上司们的巨大压力。温斯顿·丘吉尔宣称："那些德国佬一旦失去了主动出击的力量，就不再有那么危险了。"他要求一定要击溃"隆美尔的胆大妄为的部队"。这位英国首相表现出他的认真劲儿，他命令一支装载着坦克和飞机的护航舰队通过地中海驶往亚历山大港，而不是绕道好望角，通过红海那条更慢、更安全的路线。其中的一艘军舰在西西里海峡遭一枚水雷击沉，另一艘被一枚鱼雷击毁。除此之外，这支补给船队还是于 5 月中旬安然无恙地抵达目的地。这次运来的武器包括 43 架"飓风"战斗机、82 辆巡逻坦克、21 辆轻型坦克和 135 辆被称作"马提尔达"的重型步兵坦克。

德国人在几周之后对克里特岛的征服使丘吉尔更急着要鼓励士气。德军占领那座希腊岛屿使英国最高指挥部深感忧虑，因为这使德国人处于一个有利位置，可以建立一条新的通往昔兰尼加的海上路线。为了避免这一凶险的可能性，也为了能够继续轰炸开往的黎波里和班加西的轴心国船只，英国人需要一次决定性的胜利。

韦维尔尽职尽责地开始策划一次代号为"战斧"的进攻战，不过他自己也毫无把握是否应该这样做。他在 5 月 28 日写的报告里说，30 吨重的"马提尔达"坦克"对于在沙漠中作战，速度太慢了"，而速度要快一些的 14 吨巡逻坦克"在力量或速度上比德国的中型坦克并没有多大的优势"。此外，在准备进行沙漠作战之前，所有新的装甲车都需要安装沙滤器和其他特殊设备。这些改进措施要等到 6 月 10 日才能完成。在那之后，韦维尔只计划了 5 天时间用来训练——这点时间根本不

挫败 "战斧行动"

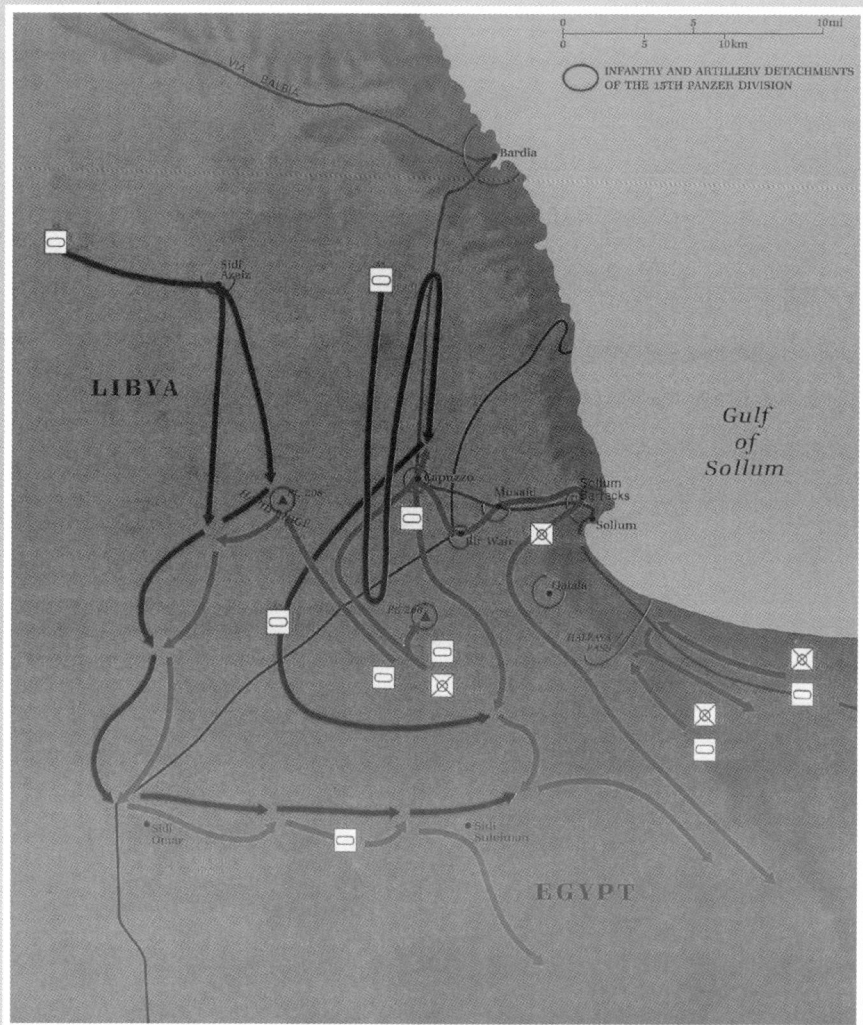

1941年6月，隆美尔的部队（深色线）在3天内击溃了由韦维尔指挥的英国和英联邦军队（浅色线）的代号叫"战斧"的进攻。轴心国在哈尔法牙关和哈菲德山梁的据点使英军的左右两翼进退两难。韦维尔的中路部队孤军深入，已渗透到索卢姆，但是德军第十五装甲师和第五轻型坦克师在两翼的威胁进攻使英军最后不得不撤退。一名观察者记录道："'战斧行动'是一桩令人伤心的事。它的名称具有象征意义，它达到的目的跟这种古代武器在一场现代战争中所能达到的目的一样。"

足以让坦克兵们有信心操作好这些新机器；他们必须掌握必要的驾驶、导航、射击和通信技术，才有可能战胜经验老到的德国兵。

韦维尔安排诺尔·贝雷斯福德-佩尔斯爵士中将指挥这次"战斧行动"计划。该计划要求拥有190辆坦克的第八军从3个方向同时发起进攻，摧毁隆美尔在索卢姆-哈尔法牙关的部队，给托布鲁克解围，然后把轴心国部队尽可能往西驱赶。在右翼，由弗兰克·梅塞韦少将指挥的印度第四师将派出印度第十一步兵大队和一个半中队的"马提尔达"坦克协同作战，重新夺回哈尔法牙关。同时，由印度第四师的剩余兵力和第二十二护卫大队组成的一支中线纵队将穿越沙漠高原，然后折向右边，攻击206号据点和卡普佐的德军。在左翼，第七装甲大队（属于迈克尔·奥穆尔·克里格爵士的第七装甲师的一部）将与本师各个"支援小组"一起攻打哈菲德山梁。第七装甲师的剩余兵力将转移到哈尔法牙关西南20英里的一个位置，保护进攻的英国军队的左翼。

从一开始，"战斧行动"计划在指挥和通讯上就注定将是一场梦魇。新组成的第八军并不是一支训练有素或连贯一致的整体，它的许多队伍都是从正规编制单位中抽调出来的。使事情更难办的是，"马提尔达"坦克行进的速度比巡逻坦克慢多了，而装甲兵和步兵相互之间不能进行有效的通讯联络。不像隆美尔喜欢待在战场的附近，这样可以根据新的情况做出调整，贝雷斯福德－佩尔斯却愿意把总部设在西迪巴拉尼，离利比亚边境有 60 英里，或 5 个小时的车程。

巴赫上尉和他的手下人穿着汗渍斑斑的衣服在哈尔法牙关上构筑得很好的据点里彻夜等待着，忍受着沙漠跳蚤的无情进攻，一有空闲就偷着打一个盹儿。在一轮圆月的照耀下，从瞭望所可以看到沙漠的远处，听到沉寂中的响动声，不时地还会传来沙漠狼的嗥叫声。沙漠中的白昼来得很突然，凌晨 4 点时，月光变成了阳光。随着第一阵热风和汗珠的到来，马达声响了，远处出现了一缕沙尘。

当轰隆隆的装甲车队跃入眼帘时，人们的神经开始绷紧了。然后，来袭炮弹的尖叫声宣布盟军炮轰的开始。炮火非常密集，但头几发炮弹都只打在空地上。巴赫的人安全地待在掩体里，观看着敌军的坦克停下，印度第十一大队的步兵从卡车上跳下来，排成进攻队形。很快，坦克又启动了，后面跟着步兵。盟军走得越来越近了，等待的德军快要忍不住了，这时巴赫才最后发出开火的命令。88 毫米的大炮发出印度军队以前从未经历过的声响。很快，其他反坦克炮火也加入进来。好几辆"马提尔达"坦克顿时冒出浓烟，停了下来，履带、炮架和金属碎片散落一地。被毁坏的坦克后面的印度步兵试图往前冲，但在密集的炮火下，这是不可能的。英国的大炮瞄准意大利的炮兵阵地一阵猛打，但还是无法

威勒姆·巴赫上尉（穿白衬衣者）在哈尔法牙关的山脚下查看一门缴获来的英军野战炮的炮位。隆美尔的一名参谋人员这样评价这位50岁的后备役军人："巴赫管理他的部下比许多专业军官管理得更有效率。"

压制住。同时，德国的炮队继续轰击，迫使英军撤退。在被击毁的12辆英国坦克中，巴赫的人击中了11辆。

印度第十一大队的剩余兵力及其支援的坦克朝着关隘的北端，即海岸平原的那一端进发。这里，德军主要依靠地雷，没有部署成群的炮队。他们也在观察着英国坦克的动向——有6辆"马提尔达"。其中的4辆撞进了地雷区，一片爆炸声使它们来不及转身撤走。

巴赫上尉和他的人守住了关隘。在其他地方，防守者们取得了胜负兼有的结果。在哈菲德山梁的沙漠一侧的壕沟里，四架88毫米的大炮和新的55毫米大炮遏制住了英国第七装甲大队的前进，击退了3次进攻，摧毁了不少坦克。但是，在中线的悬崖地带，英国梅塞韦将军的部队在经过艰难战斗后控制了206号据点，并占领了卡普佐村。由于担心英军有可能突破到巴迪亚和索卢姆，隆美尔命令第五轻型坦克师赶往西迪阿则兹，以随时准备反攻。

当天的战斗结束后，隆美尔把他手下各位军官的报告以及无线电窃听的情报结合在一起，得出了一套很清晰的作战思路。当晚，他便有了一个大胆的计划。由第十五装甲师向卡普佐的梅塞韦部队发动反攻，同时，第五轻型坦克师向西迪欧马进发，然后转到东边攻打西迪苏莱曼，最后与哈尔法牙关的德军会合，切断英军的通讯联络线。隆美尔后来这样解释说："我计划集中两个装甲师突然猛攻一个要害点，这样一来，就给敌人最敏感的地方一个意想不到的打击。"

6月16日黎明，第十五装甲师向卡普佐的英国第二十二护卫大队和第四装甲大队发动了反攻，但经过5个小时的疯狂战斗，它损失了80辆坦克中的50辆，所以被迫停止反攻。到中午时分，英军攻克了位于卡普佐和索卢姆之间的穆塞德，威胁着巴迪亚。但是在那里，进攻逐渐弱了下来。装备精良的英国坦克修理站设在遥远的后方，这使装备非常欠缺的随军修理队应接不暇。相比之下，德国装甲部队的机械工随时待在战斗发生地附近，他们可以对毁坏的坦克进行紧急修理，这样，他们使坦克重新返回战场的速度比英国人快多了。

当夜幕降临时，梅塞韦越来越担心他的左翼。他的担心是很有道理的。他的第四装甲大队在超负荷地抵抗着德军的第十五装甲师，而第七装甲大队和各个支援小组在一场猛烈的坦克大战中被德军的第五轻型坦克师击退了，这场坦克大战发生在哈菲德山梁和西南方向的西迪欧马之间的沙漠中。

像一位柔道高手随时可以出其不意地摔倒对手一样，隆美尔开始了他的行动。他后来曾写道："这是这场战役的转折点。我命令第十五装甲师尽可能快地让一切机动部队停止战斗（只留下足够的兵力守住卡普佐以北的据点），然后沿着已经获胜的第五轻型坦克师的北翼向西迪苏莱曼进发。"

除了突然袭击外，德军在随后的许多次胜利都要归功于一种大胆的新战术：德军装甲师不采用坦克对坦克的作战方式，而是用反坦克大炮来对付英国的坦克，这种反坦克大炮（尤其是笨重的 88 毫米大炮）由一种特别设计的拖车拖运着。一旦碰上敌人，司机马上停车，炮手架起大炮开火，这火力具有致命的效果。

6 月 17 日凌晨，第五轻型坦克师的先头部队攻进了西迪苏莱曼。此时，克里格的部队只剩下 22 辆巡逻坦克和 17 辆"马提尔达"坦克，有全军覆没的危险。这天的战斗还在进行之中，隆美尔的"信号窃听部"截获到一则无线电报告：焦躁不安的英国人正在抱怨燃料和军火严重短缺。英国人虽然成功地守住了前线，但他们与后方的联系被德国人切断了。隆美尔期待的是绝对刚好被一个意大利无线电环形天线框住的隆美尔正在通过望远镜研究盟军的阵地。当身处前线时，他往往依靠一种小型短程无线电与他的指挥所保持联系。

这辆通讯车上的天线使德军可以远距离地收发信息资料。截获来的信息被传到信号截获部，然后进行翻译和评价。

"敌人在窃听"

德国的军用无线电上都印制着这样一句警告语——"敌人在窃听"。在北非的运动战中，无线电成了很关键的工具，不过，它们有一个很危险的缺陷：任何有接收机的人都可以收听到。

沙漠战争的性质使分散各地的部队有必要相互保持联络和支援。为了保证无线电畅通有序，德国人想尽了各种方式——杜绝外部通讯，保持信息简短，使用密码文字或晦涩语言，但这些并未取得完全成功，而他们的对手取得的成功更小。英国第八军的话务兵们经常用普通文字播发重要信息，而且他们粗心大意的闲谈往往也最能走漏风声。

隆美尔的信号截获部装备着功能强大的接收机，可以通过偷听谈话获悉敌人的位置、实力和意图。隆美尔经常利用这些对他有利的信息。

在指挥所的一辆大篷车里，信号截获部的工作人员在编写情报报告，供隆美尔的参谋们马上评估。

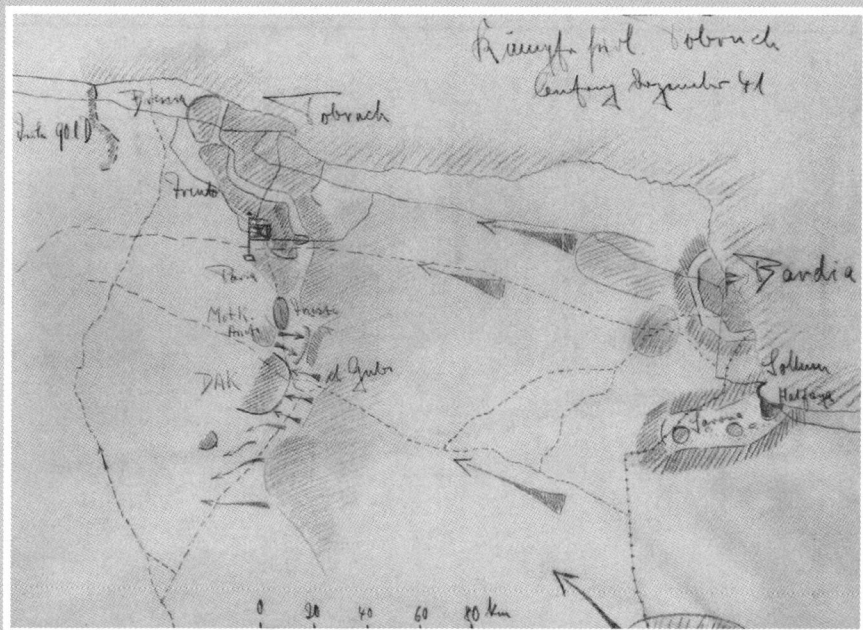

1941年12月，隆美尔依据当时的无线电报告草拟出这张部署在托布鲁克和巴迪亚之间的作战方案图。

完全的胜利。他的两支装甲师将横扫英军的侧翼，围歼整个第八军。

6月17日中午前后，贝雷斯福德－佩尔斯和韦维尔飞往克里格设在"半路之家"附近的指挥部（西迪苏莱曼东南大约20英里处），希望调集第七装甲师发动一次反攻。但是，形势已无法挽救了。梅塞韦正确地判断出他的部队在卡普佐和哈尔法牙关将被围歼，所以已经叫印度第四师撤回，责任由他本人自负。韦维尔被这个消息惊呆了。他取消了要求第七装甲师发动反攻的命令，并要求全线撤退。韦维尔转念一想，认为梅塞韦的

1941年6月，在"非洲军团"开往埃及边境的路途中，德军坦克从冒着浓烟的敌军装甲车旁隆隆开过。隆美尔注意到，在他的军队一路开过的地方，"到处都是被击毁的英国坦克"。

一名德军坦克指挥官（下）从炮架上观看一辆燃烧的敌军卡车。在白天行动时，双方都把坦克和其他机动车分散开来，以减少被发现的风险。

决定是明智的，尽管做出这个决定没有得到上面的同意。事实上，这次撤退救了第八军。在 3 天的战斗中，英国和英联邦国家的军队伤亡人数总共不到 1000 人。然而，士兵们的命被救了，但他们的士气却受到了打击。另外，各装甲部队已是一片惨景。"战斧行动"使英国损失了 91 辆坦克。而德国的损失加起来只有 25 辆坦克。

有一段时间，士气不振的英国沙漠部队弄不明白为什么他们的坦克被击毁这么多。分析家们只是后来才得出结论，德国的反坦克大炮原来是真正的敌人。陆军元帅迈克尔·卡弗爵士写道，这些反坦克大炮"作为进攻性武器，可以大胆地、深入地用在前沿阵地、战场两翼、甚至坦克的前面"。最有威力的反坦克大炮口径 88 毫米。另一位英国军官说道："这种 88 毫米的大炮射程很远，很少有打不中目标的。站在附近的坦克指挥员会看到沙里掀起一道犁沟，这是炮弹在离地面几英尺高处的运行速度太快引起的。一发未打中目标的炮弹打在地面上，然后顺着沙弹到一边，仍然能够消灭或重创挡在它前进道路上的任何东西。直接射中的话，那巨大的力量就像锻工的大锤砸在坦克上一样。炮弹会留下一个直径达 4 英寸左右的圆洞，然后坦克的旋转炮台就变成了一堆火热的、四处飞溅的金属碎块。"

对于韦维尔来说，这场失败终止了他在北非的长期军旅生涯。他给英国最高司令部传达的信息非常明确："我不得不遗憾地向大家报告，'战斧行动'失败了。"

一位意大利炮兵中尉（靠前者）和他的德国同僚在索卢姆前线观察敌军动向。隆美尔通常对意大利军官有点瞧不起，只要有可能，他都会派一些德国人去支援他们。

对于丘吉尔首相来说，这次失败是命运的痛苦逆转。他悲叹道："隆美尔把刚刚赢得的胜利桂冠从韦维尔的头上扯了下来，然后扔在了沙漠里。"但是，扯下这些桂冠的人是丘吉尔。6月22日，他通知韦维尔与克劳德·奥金莱克将军互换位置，担任驻印度的英国军队总司令。

使韦维尔解职的这场战役却使隆美尔坐稳了职位。它代表了他的装甲部队第一次决定性地战胜了同样强大的盟军。另外，还进一步证实了他原来取得的胜利不是纯粹的运气，他的大胆战术和亲自督阵指挥的风格是有效的。在这场战役胜利后，隆美尔花了3天时间巡视战

1941 年 7 月，瓦尔特·纽曼－西尔考少将（右）把"铁十字"勋章授予给他的第十五装甲师的一名军官。这张照片是一名英国军官从他没收的一架德国照相机的胶卷里发现的。

场，祝贺他的将士们。在哈尔法牙关，他尤其赞扬了巴赫上尉，并建议给他授予一枚"铁十字"勋章，提拔他当少校。埃尔温·隆美尔的军团在壮大，他的手下人对他这位指挥官充满信任。他的战地副官海因茨·施密特中尉写道："隆美尔现在无论走到哪里，将士们都对他笑脸相迎。他正在逐渐成为一名英雄。"在索卢姆战役结束后的短暂停息期间，德国最高统帅部在忙于准备入侵苏联，而隆美尔则利用他的新地位试图巩固他在北非的权威。一直让他感到气恼的是，他在技术上还隶属于意大利的加里波帝将军。现在，他又抗议另一层军事官僚组织来到的黎波里：德国的阿尔弗雷德·高斯中将及其一大批工作人员已于 6 月 11 日飞来，负责"非洲军团"和罗马的意大利最高指挥部之间的联络工作。加里波帝将军也反对高斯，把他的到来看作是自己威信的丧失。

贝尼托·墨索里尼的回应是，解除加里波帝的职务，让个性更强的埃托雷·巴斯蒂柯将军接任。

同时，柏林的情况即将影响北非事务的进程。阿道夫·希特勒对德国即将入侵苏联抱有很大的成功信心，他拟定了一项宏大的计划。他要对中东地区的英国军队展开一次各方会合的进攻：从利比亚深入到埃及，从保加利亚绕道土耳其，还有通过即将被征服的高加索地区。"非洲军团"原来在利比亚作为一支封锁力量的使命暂时被取代了。

一旦最高统帅部获悉希特勒对入侵埃及感兴趣，高层军官们不再企图束缚隆美尔，相反，还准备提拔他。针对意大利人的名义上的监督，倒是没有什么办法，不过，经过 8 月 15 日的一次重组，已提升为装甲部队将军的隆美尔获得了对一支新建立的"非洲装甲部队"的总指挥权。高斯将军成了隆美尔的参谋长，而随同他一道来的那些军官成了隆美尔的行动助手。隆美尔的新装甲部队有两大部分。第一部分是"非洲军团"，归路德维希·克鲁维尔中将领导。它现在包括两支值得信任的装甲师——第十五和第二十一装甲师（第五轻型坦克师被重新命名为第二十一装甲师）以及两个步兵师——新组建的"非洲师"（后来被称作第九十轻型坦克师）和意大利"萨沃纳师"。"非洲师"由"法国对外军团"的前成员组成，这是隆美尔的唯一规模较大的援军。第二部分是意大利第二十一军，包括 4 支步兵师。巴斯蒂柯除了担任总司令外，也负责指挥新的意大利第二十军，这个军包括加斯通·甘巴拉将军领导的"阿里埃特"装甲师和"特里埃斯特"机械化师。

隆美尔与他新来的意大利上司的关系开始很糟。巴斯蒂柯刚到来不久，便传令隆美尔到200英里外的克里恩召开一次见面介绍会。正如海因茨·施密特所描述的，隆美尔"坐着弹痕累累、积满灰尘的汽车"经过一整天的颠簸，赶到了意大利最高指挥部。与隆美尔在巴迪亚的破旧小屋相比，巴斯蒂柯把自己安置在一处装饰华丽的有大理石廊柱的别墅里。这位意大利将军让满身是灰尘和臭汗的隆美尔在前厅足足等了半个小时。施密特后来曾委婉地讽刺道："在一次短暂的谈话后，隆美尔离开了巴斯蒂柯的办公室，情绪一点也不好。在那之后，我们总是把巴斯蒂柯称作'夸夸其谈者'。"（巴斯蒂柯的名字原文是"Bastico"，与"夸夸其谈者"的原文"Bombastic"谐音——译者注。）

在整个夏季和秋季，隆美尔都在徒劳地等着大批援军和补给品的到来，这些东西都是答应过要给他的，以帮助他攻下托布鲁克和入侵埃及（希特勒宏大计划的一部分）。在已经派出的援军中，很少能够成功地穿越西西里岛和的黎波里之间的那300英里的地中海水域。英国的海军和空军通过在马耳他岛发起攻击，以及通过绝密代号为"超越"的无线电解码行动随时警惕德国和意大利军队的路线和出发时间，摧毁了轴心国的运输船队。7 月到 10 月间，皇家海军和空军击沉了 40 艘轮船，使轴心国损失了比在战场上还要多的战备物资。隆美尔原先希望在 9 月份进攻托布鲁克。但是，根据时任"非洲军团"参谋长的弗里兹·贝耶莱恩上校的报告，到 9 月底时，"我们所需要的部队和补给品分别只到了 1/3 和 1/7。要我们与英国人比赛时间，这可是个可怕的障碍。"隆美尔当然不能与德国对苏联前线的关注程度相比，那里的德国军队要消耗大量的军备物资。他在写给家人的一封信中抱怨道："目前情况下，我们只是继父的孩子，我们得处处把事情做好才行。"

尽管人员和物资短缺，隆美尔还是准备攻打托布鲁克，并加强沿埃及边境一带的防线。他选择了一些进攻点，把大炮瞄准要塞。他不知疲倦地在沙漠里到处巡视，穿梭于封锁线和前沿哨所之间，经常事先不打招呼就突然出现，以监视要塞的修建情况，研究最新的形势报告。他的一位参谋官说道："什么都逃不过他的眼睛。他很受年轻士兵和士官们的喜欢，他经常跟他们开玩笑，但是，他与指挥官们之间多有抵触，尤其当他不赞同他们的一些措施时。"

隆美尔无论走到哪里，都要传达他的这一思想，即每一个据点都要视自身为一个自给自足的单位。即使装甲车有几天甚至几周没有露面，每一名战士都要坚守到底，相信装甲车会回来救他们的。他防守的重点仍然是哈尔法牙关和卡普佐一带的据点。隆美尔命令从索卢

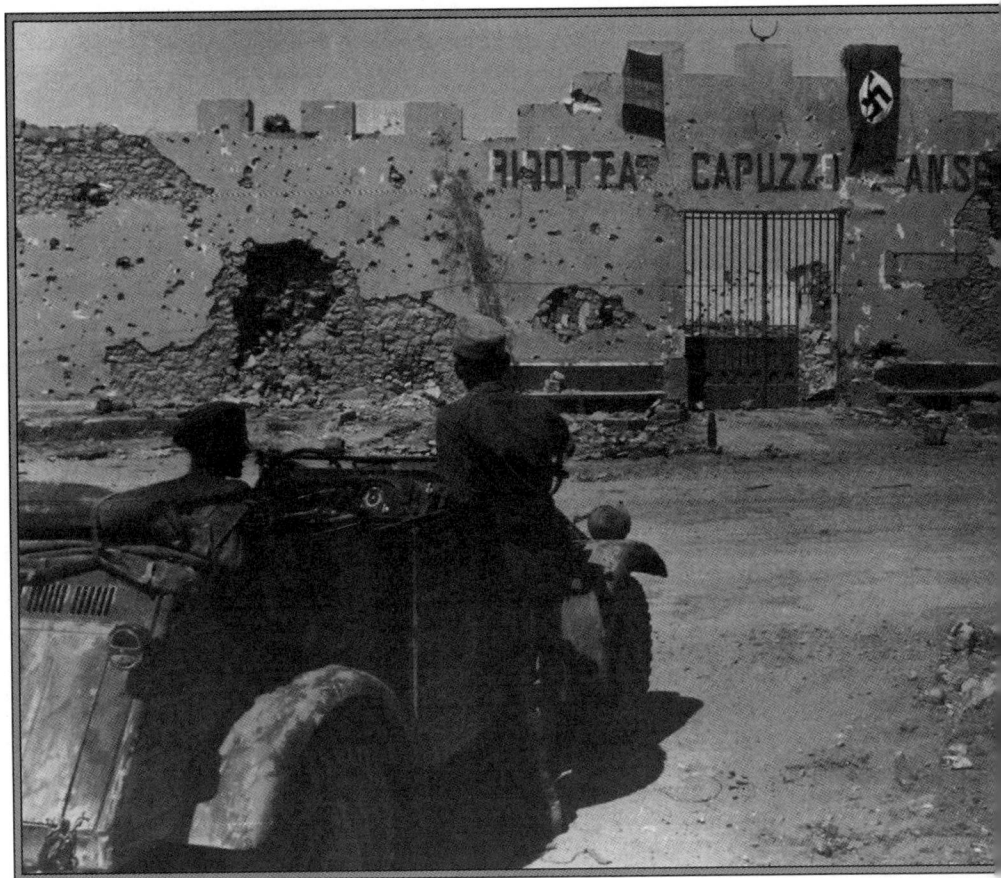

姆到西迪欧马的 20 英里地带布下密集的地雷，并委派意大利的"萨沃纳师"进行防守，由装备着 88 毫米大炮的德国炮兵分队给予支持。他在西迪欧马和贝埃古比之间沿沙漠一侧（托布鲁克以南 30 多英里）布置了两支德国侦察部队。意大利的"特里埃斯特"师部署在贝哈凯姆，在其东边 30 英里的贝埃古比驻扎着意大利的"阿里埃特"装甲师。边境防守线后面的一个半圆形要

一辆德军参谋部的小车（上图）停在卡普佐要塞前，门上的意大利和德国旗帜表明这座要塞已从英国人手里重新夺回。在 1941 年至 1942 年间，这座要塞至少易手了 5 次。

塞群保护着巴迪亚。第十五和第二十一装甲师部署在托布鲁克和甘布特以南。在托布鲁克周围一圈，隆美尔布置了装备仍然不够充分的"非洲师"和4个意大利步兵师。总共受他指挥的有414辆德国坦克、154辆意大利坦克和11.9万人。除此之外，轴心国联军在昔兰尼加有320架作战飞机，另外还有750架备用飞机在的黎波里、意大利、希腊和克里特岛。

隆美尔根本不听意大利将军巴斯蒂柯的一再劝阻，把11月21日定为托布鲁克进攻日。巴斯蒂柯担心英军会在同一时间发起一次大规模的进攻，这样一来，德国和意大利的军队恐怕没法应付。但隆美尔主意已定。他把巴斯蒂柯的担心说成是"拉丁人的过分神经质"，并坚持认为，如果再往后拖的话，供应问题只会变得更糟，甚至进一步加大轴心国联军与英军之间的不平衡。他命令他的部下要表现出乐观情绪，要给意大利人打气，没有什么值得担心的。隆美尔如此执着地要进攻托布鲁克，他手下的一名军官说他这是"着了魔"。

11月14日，隆美尔飞往罗马推进他的这一计划。具有讽刺意味的是，他几乎没遇到什么麻烦就说服了意大利人。意大利武装部队参谋长、陆军元帅乌果·卡瓦勒罗不信任巴斯蒂柯，他赞同隆美尔的看法，英国人非常担忧他们的后退路线已被切断，他们不至于会发动一次大规模的进攻。而说服自己的同胞德国人，却没有那么容易。当自己的游说好像没有什么结果时，隆美尔雷霆大发。他指责那名德国联络官是一名懦夫，是"意大利人的朋友"。盛怒之下的隆美尔马上抓起电话，接通了德国国防军行动长官阿尔弗雷德·约德尔。他在电话上大声吼道："我听说你想让我放弃进攻托布鲁克。我完全气极了。"当约德尔要求证实不存在英国人发起进攻的危险时，隆美尔回答道："我以我的个人名义向你保证！"

赢得了这场争论后，隆美尔又等待了几天，他同妻子一道庆祝了自己的 50 岁生日。很快，他将发现巴斯蒂柯是对的。隆美尔精心策划的托布鲁克进攻战不会发生，因为敌军已先他而行动了。在"战斧行动"失败后的 4 个半月中，奥金莱克将军像隆美尔一样也一直被各种战略和后勤问题困扰着。由于英国军队从希腊和克里特岛的撤出，他现在指挥的部队实际上比韦维尔在春季时的部队还要多，但他决心不重蹈韦维尔的覆辙，不打算在得到充分的训练和装备之前把他的人马投入战斗。在希特勒入侵苏联有可能使德国人向南打入中东地区的形势下，奥金莱克也不愿意发动一次进攻战。

到 11 月份时，德国在苏联的进攻战已暂停下来，而奥金莱克也已经重新组织和装备好了他的部队。与隆美尔相比，他享有丰富的战备物资。多亏英国皇家海军和美国（尽管还未卷入战争）的大力支持，大批坦克和其他车辆已在夏季通过红海用船运来，使他增加了不少新武器。总体说来,奥金莱克收到了 300 辆巡逻坦克、300 辆美制"斯图亚特"轻型坦克、170 辆"马提尔达"坦克、34000 辆卡车、600 门野战炮、240 门防空大炮、200 门反坦克大炮以及 900 门迫击炮。由于缺乏修理站和技术娴熟的机械工,他倒更愿意建立庞大的后备力量,尤其是装甲部队,不过数量还是很充足的。另外,新西兰工程师们已把铁路线从亚力山大修到了西迪巴拉尼村以南 30 英里的米谢法村。奥金莱克的水供应管线现在又延伸了 160 英里,一直到了米谢法村的火车铁轨尽头[不过,每人每天的所有用水仍然限制在 3 夸脱(1 夸脱 =1136.5225 毫升)的量上]。

代号为"十字军战士行动"的这次盟军进攻战将由阿兰·坎宁汉姆中将指挥的第八军来执行。第八军号称拥有 11.8 万人和 700 多辆坦克。它由两大部队组成:M. 诺里中将领导的第三十军和阿尔弗雷德·戈德文-奥斯腾中将领导的第十三军。第三十军包括第七装甲师以及附属的第四装甲大队、南非第一步兵师和第二十二护卫大队。第十三军包括新西兰第二师和印度第四师,由第一军坦克大队做后援。另外还有 600 多架各种类型的飞机从埃及和马耳他岛起飞,赶来支援。

奥金莱克的计划具有很强的学术气味。作为主要的进攻部队,第三十军的装甲部队将穿过马达莱纳(德军索卢姆-西迪欧马防线以南 30 英里处的一个村子)附近的埃及边界,然后呈一个大弧形向西北方向进军到

"十字军战士行动"的充满漏洞的开始阶段

这张地图标明了在"十字军战士行动"时轴心国部队和进攻的英国第八军的位置。英国第三十军穿过马达莱纳附近的边界线后,向加布沙利挺进,坎宁汉姆将军计划在那儿与德军第二十一和第十五装甲师交战。在击败德军的装甲师后,托布鲁克的守军马上突围,同时,第十三军攻击隆美尔的索卢姆 - 西迪欧马防线。当隆美尔未能像预计的那样做出反应时,英国人把他们自己的装甲大队拆散:第四大队留宁加布沙勒,第二十二大队杀向贝埃古比,第七大队进军西迪雷泽,"支持小组"在中间活动。分散的英军使隆美尔有机会各个击破。

一个叫加布沙利的地方，奥金莱克希望在这里迫使隆美尔的装甲兵作战。在击败"非洲军团"后，第三十军将继续推进到西迪雷泽周围的一片高地，与托布鲁克守军中的一支突围出来的部队会合。同时，位于第三十军北翼的第十三军步兵推进到索卢姆－西迪欧马防线，"尽量战斗到最后一刻"，直到第三十军歼灭那两支德国装甲师。这一计划的前提假设是，隆美尔必须按照英国人的行动计划派遣"非洲军团"在第三十军选择的地点——加布沙利与英军作战。然而，没有绝对的理由让这位德国指挥官这么做。

如果说"十字军战士行动"计划书本气太浓，那么英国人在向加布沙利进发前5个小时试图采用的计划就带有冒险小说的味道了。11月17日夜，一支突击队试图大胆地一举干掉隆美尔及其参谋部。突击队员们先由潜艇送到海岸边，然后按照英国特工和阿拉伯人合作者提供的情报采取行动，直奔贝达里托利亚，冲进他们认为是隆美尔总部的地点。具体的情况是，他们不仅走错了屋子，而且隆美尔本人当时还在意大利。突击队员们在自己被杀死或被逮住之前杀死了4名德国人，包括隆美尔的军需部的人员。

英国突击队员们的刺杀行动并没有动摇隆美尔。他把这看作是一次孤立的事件，而不是一次大规模进攻前的序曲。不过，他手下的好几位指挥官都曾想到过敌人至少会有一次有限的进攻。沙漠中的两支侦察部队已经得到指示，如果他们发现是一次规模较小的进攻，就发送密码文字"高潮水"，如果感觉到是一次规模较大的进攻，就发送密码文字"大洪水"。这些密码文字选得再合适不过了。11月17日，即英军进攻日的前一天，也即英军试图直取隆美尔性命的那一天，一场前所未有的大暴雨袭击了轴心国占领的昔兰尼加地区。这场罕见的暴雨使干涸的河床上突然间发了洪水，冲毁了桥梁，淹没了设备，还淹死了几名士兵。对德国人来说，最为糟糕的是，大洪水使他们的机场成了一片泥潭，飞机根本无法起飞降落。一切侦察飞行都暂停了。正因为如此，英军在沙漠中新建立起的好几处供应站都未被德军侦察机发现。

从通常很可靠的无线电窃听装置那儿也没搜集到任何情报。在战斗开始前两天，英军停止了一切无线电通讯。尽管这种沉默本身就是快要发生事情的预兆，但轴心国指挥部得不到它曾在"战斧行动"之前及行动期间那种非常有用的特别情报。

在11月18日整个下午，克鲁威尔将军和他的"非洲军团"高级指挥官们对侦察部队看到几股分散敌军的报告开始警觉起来。克鲁威尔命令第十五装甲师开进沙漠腹地，以对付可能发生的袭击，然后于晚上10点钟赶到隆美尔设在甘布特的总部，向他汇报情况。隆美尔仍坚持认为，英军"只是想骚扰我们"，并嘲讽道，"我们千万不能神经错乱"。尽管隆美尔反对，克鲁威尔并

1941 年 11 月 19 日早晨，德军的营地遭洪水淹没，这是德国士兵蹚过没膝的深水在寻找他们能够找到的东西。这场突如其来的大洪水使轴心国的所有侦察飞行无法进行，使隆美尔失去了阻挡"十字军战士行动"的最后一线机会。

没有收回他的命令。他没有收回命令，这对隆美尔来说真是幸运。德国的"非洲装甲车"与英国的第八军即将展开角斗，这是战争史上最壮观的装甲车火并战之一。

这场在托布鲁克和埃及－利比亚边界之间的广阔荒原上进行的战役是一场由两支机械化部队不断进行大比拼的竞赛。"从来没有一场战役进展的速度这么快，运气的转换这么令人困惑，"隆美尔的情报官弗里德里克·冯·梅伦汀少校后来这样写道，"1000 多辆坦克在大批飞机和大炮的支持下致力于展开一场旋风式的战斗，可以完全自由地施展自己的威力。为了赢得胜利，双方的指挥官都使出浑身解数，准备用完自己的最后储备。情况变化得非常快，很难弄清楚自己部队的行动，更不用说敌军的行动了。"然而，"十字军战士行动"

是在悄无声息中开始的。

11 月 18 日，英军第三十军按计划开始行军赶往离托布鲁克东南差不多 50 英里的加布沙利。主动权在英国人手里，但坎宁汉姆和他的指挥官们对隆美尔毫无任何反应感到困惑。第二天早晨，戈特少将把他的第七装甲师分成 3 个纵队前去侦察。在左路，装备着新型"十字军战士"坦克的第二十二装甲大队朝贝埃古比奔去。在右路，第七装甲大队朝西北方向直奔西迪雷泽，而"支持小组"在两个大队之间活动，随时准备帮助其中的任何一路。只有第四装甲大队留在加布沙利，守卫本师的右翼。

11 月 19 日，第二十二装甲大队在贝埃古比以南遭遇一支意大利坦克连。戈特将军没有告知坎宁汉姆就命令攻击，一位军官把这次战斗描述为"大战期间看到过的距离最近的一次大炮坦克战"。英国人很快就把那支规模较小的意大利军队赶跑了。但是，急躁莽撞的行动使速度很快的"十字军战士"坦克直接冲向"阿里埃特"装甲师的壕堑阵地，结果，没有得到强大炮火支持的第二十二装甲大队在损失了 136 辆坦克中的 25 辆后才突围出来。这一次开场战对英军之后的行动起着很大的影响，因为第二十二装甲大队是在最左路陷入一场恶战的，坎宁汉姆很难把他的坦克集中起来。

同时，由 G. 大卫队长带领的第七装甲大队接到的命令是去攻打从海岸平原上冒出的一块陡峭高地上的一

一名德国士兵孤零零地站在西迪雷泽一座穆斯林先哲的陵墓前，旁边是新增加的一些墓地。位于托布鲁克东南部的西迪雷泽刚刚经历了一场血腥战斗。一位军官回忆说："除了那座白色圆顶建筑外，没有哪一座坟墓有可以辨认出的名字。我们绝不会想到，这会在我们的记忆中永存。"

个据点。这便是地面乱石成堆的西迪雷泽，一座阿拉伯人古墓的所在地。在接下来的两周里，西迪雷泽成了两次血腥战斗的战场，因为它的位置比它看上去要重要。这里有一个机场，而且四周的高地可以俯视位于西北 10 英里的托布鲁克环形防线。西迪雷泽离那条新建的公路和卡普佐村也很近，轴心国的补给品正是沿着那里的沙漠中的一条道路运到巴迪亚、索卢姆和边境上的防线的。大卫的部队很快攻占了机场，缴获了 19 架意大利飞机，威胁着部署在机场北面高地上的"非洲师"。

回到加布沙利来看看。由 A．H．盖特豪斯队长率领的第四装甲大队正在享受美好的秋日。一名士兵回忆说："空气清新爽快，不时会有阳光出现。"第三皇家坦克大队开着快速轻便的"斯图亚特"坦克，把德国的第三侦察分队往北追赶了 20 多英里。"斯图亚特"坦克已超出了行动半径的限制范围，处境十分危险，当命令他们返回加布沙利时，他们遭到一支德军的重创。

有关第七装甲师活动的报告使克鲁维尔将军和拉文斯坦将军相信，英国人的确正在准备发动一次大规模的进攻战。征得隆美尔的同意后，克鲁维尔从第二十一装甲师抽调出一支由 120 辆坦克、12 门野战炮和 4 门 88 毫米大炮组成的部队，前去支援侦察部队。这支前去增援的部队刚好与盖特豪斯的第四装甲大队迎头相撞。在这场双方坦克数量相同的猛烈战斗中，德国人大占上风，他们把 23 辆"斯图亚特"坦克打得动弹不得，而自己只损失了几辆装甲车。

那天晚上，隆美尔还在考虑托布鲁克。白天的战斗使他确信，英国人突袭的意思只是想分散他攻打那座被困城市的力量，于是他命令克鲁维尔一定要在敌军插手之前先把敌军歼灭掉。克鲁维尔指示第十五装甲师向东转移，而第二十一装甲师向西迪欧马进军，切断英国人的后退路线。

对坎宁汉姆来说，这场战役迄今为止还没有走上好运。他的坦克和机动大炮还分散在沙漠各处。一位新西兰军官写道："对于一场目标是要彻底摧毁敌军装甲力量的战役来说，这可不是一个好的开头。"但是，隆美尔的部队也很分散。第二天，即 11 月 20 日，双方都想更清楚地搞懂对方的意图。克鲁维尔行动的假设是，敌军分成了三部分——一部分在加布沙利，另一部分在西迪雷泽，第三部分就是曾经把第三侦察分队一直追过卡普佐的那支部队。他决定不采取一系列小规模冲突的作战方式，而应该集中他的装甲力量，一个一个地消灭敌军纵队。第一次遭遇战将在加布沙利发生。

现在轮到英国人享受无线电窃听的好处了。坎宁汉姆的监测器偷听到了克鲁维尔的计划，然后提请第三十军军长诺里将军注意。诺里把第二十二装甲师从贝埃古比火速召回，派遣南非第一师前去控制那里的意大利人。诺里相信自己所渴望的那场装甲车大战即将爆发，他同意第二天让托布鲁克的守军进行一次突围。

然而，在加布沙利开始的这次火并只是一个序曲。第二十一装甲师在向东推向西迪欧马的途中耗尽了燃料，在经过一整夜的急行军后还是到达得太迟了。在英军这方，第二十二装甲师从贝埃古比也赶来得太迟了，发挥不了作用。拥有135辆坦克的第十五装甲师把英国人朝南赶，击毁或打坏了约20辆坦克，但并未取得绝对优势。

晚上，隆美尔意识到他的部队正面临着危险。想到英国的第四装甲大队已被干掉，他决定把"非洲军团"集中在西迪雷泽，消除第七装甲大队和那个"支援小组"对他围攻托布鲁克的威胁。第十五和第二十一装甲师安排一支后卫部队在加布沙利牵制住第四和第二十二装甲大队，然后脱身急奔西北部，开始了沙漠大战中三天最艰难的战斗。

第二天早晨，即 11 月 21 日，当 R．M．斯科比少将率领的英国第七十师正从托布鲁克发起一次大规模的突围时，德国的几支装甲师赶到了西迪雷泽。英军的突围是在第七装甲大队和"支援小组"的配合攻击下进行的。但是，大卫队长的人很快就在西迪雷泽为自保性命而战了，根本无法前来帮助斯科比的人。到下午时，第七十师已经突破"非洲军团"几支部队和意大利几个师的包围，打开一个纵深近 4000 码的突出部，活捉了1000 多名德军和意军。赶到这一地区来督战的隆美尔立即做出了反应。他指挥第三侦察分队在 88 毫米大炮的支持下，阻止斯科比的突围。

同时，在西迪雷泽的激烈战斗中，第七装甲大队和"支援小组"的大炮已阻止了"非洲军团"抢夺机场的企图。但是，第七装甲大队损失惨重，几乎遭到德国两个装甲师的全歼。

到夜幕降临时，"非洲军团"占领了"支援小组"（第七装甲大队的剩余兵力）和损失惨重的第四、第二十二装甲大队之间的一个中心据点。一位英国军官这样描述两军对阵的场面："在从托布鲁克突围前线到西迪雷泽机场东南方的开阔沙漠之间的 20 英里左右的战场上，双方的军队像三色冰淇淋的夹层相互夹挤在一起。"一位德国人称这次战斗是"一次真正奇特的场面，不仅

一次冲向埃及的轻举妄动

这张地图显示了11月19日至26日在托布鲁克和埃及边境之间进行的一场战斗中轴心国装甲部队和英国军队旋风式的运动路线。11月20日，隆美尔以为他的第十五装甲师已经解决了加布沙利的英国第四装甲大队，于是派遣第十五和第二十一装甲师前去西迪雷泽。在那里，德军击溃了第七装甲师，并遏制住了托布鲁克守军的突围。然而，没有把敌人消灭干净的隆美尔，由于希望取得完全的胜利，把他的装甲部队派往埃及边境地区，以切断英军的供应线。这一赌博结果失败了，因为新西兰第二师绕过轴心国在边境地区的防线，对托布鲁克构成威胁。

11月26日，新西兰人打开了一个进入托布鲁克的通道，迫使"非洲军团"又回来进行最后的较量。

占据着封锁线的德意联军发现自己受到两面夹击，西迪雷泽的英国军队在后翼也受到'非洲军团'的威胁，而'非洲军团'也不得不阻挡来自侧翼和后翼的猛烈攻击"。

由于补给品和军火越来越少，克鲁维尔决定把"非洲军团"从西迪雷泽的"夹层"中解救出来，然后乘夜转移到北部，重新组织兵马。留下后卫队在机场以南，第十五装甲师转移到甘布特以南，而第二十一装甲师直奔18英里外的贝尔哈穆德。克鲁维尔想分解"非洲军团"的决定使第七装甲师能够重新集结起它的各个大队，加起来仍然还有200辆用得上的坦克。

坎宁汉姆已经命令第十三师继续进攻隆美尔的前线阵地。当坦克大战在西迪雷泽战得正酣时，新西兰的第二师绕道哈尔法牙关，抵达巴迪亚－索卢姆、卡普佐和西迪阿则兹一带。11月22日，该师夺下卡普佐和穆塞德，封锁了巴迪亚和托布鲁克之间的海岸公路，切断了德国和意大利军队与这一地区的所有电报电话线。坎宁汉姆认为自己已钳制住"非洲军团"，于是命令新西兰人朝托布鲁克进发。但是，隆美尔还会再次扭转局面。在那天中午，他命令在西迪雷泽发起一次反攻。步兵和第二十一装甲师的大多数炮队从北边向陡坡上的要塞进攻，而第五装甲团在绕过陡坡后从西边进攻。装甲师的重型大炮将对两支部队进行支援。

当天下午，德国的装甲部队给英国人来了个措手不及。机场周围高地上的88毫米大炮和反坦克大炮重

英德装甲车在经过一场火并后，沙漠里到处都是被打坏的车辆，包括图中靠前这辆被彻底打烂的侦察车。到 11 月 30 日时，"十字军战士行动"已变成了一场消耗战；尽管轴心国部队在人员和物资上损失都要小些，但他们比英国军队情况更糟，因为他们的损失不能够得到替换。

创英国第二十二装甲大队，迫使它撤退，英军 79 辆坦克只剩下了 34 辆。第七装甲大队情况更惨，只剩了 10 辆坦克。同时，德军的第十五装甲师从对面的西边开过来参加战斗。很碰巧，德国人开往战场的道路要直接经过英军第四装甲大队扎营的地带。夕阳西下后不久，德军装甲师冲进第四装甲大队的指挥部，俘虏了 267 人、缴获了 50 辆坦克。

隆美尔看到了机会。他给墨索里尼发电报，要求所有轴心国部队归属一个人统一指挥。那位意大利独裁者迅速做出了回答，他让甘巴拉将军的第二十军（即"阿里埃特"装甲师和"特里埃斯特"机械化师）归属隆美尔指挥。正如贝耶莱恩上校回忆说："11 月 23 日的命令是为了通过集中德意所有机动部队的力量去消灭敌军的主要有生力量。"克鲁维尔命令第十五装甲师和第二十一装甲师的一个团与意大利的"阿里埃特"装甲师一同从贝埃古比联合进发。他们的任务是进攻被认为埋伏在西迪雷泽南边沙漠高原上的敌军装甲师余部，驱使敌军与坚守在机场附近高地上的德国第二十一装甲师的步兵和炮兵交战。

然而，克鲁维尔在使隆美尔吃惊的同时，他自己也吃了一惊。没人注意到新西兰人正从东边推进过来，黎明刚过，新西兰第六大队的一支部队碰巧遇上了克鲁维尔在加斯阿里德的总部。克鲁维尔已经离开，但他的参谋部整个被擒。贝耶莱恩后来写道："我和克鲁维尔将军只要差一根头发丝那么一点运气就逃脱不了这一厄运。"尽管差一点儿送命，克鲁维尔继续努力进行他的包围。当德意联军继续朝北深入到英军的后方时，他们遇到了由南非人部署在贝埃哈牙德和西迪穆夫塔之间的一支炮兵队伍和反坦克大炮。装甲车和卡车上的步兵马上排成长长的队形，开始投入战斗。贝耶莱恩回忆说："各种式样、各种型号的大炮展开了密集的炮火对阵，在这种铁桶般的炮火前，几乎没有任何希望向前推进。一辆又一辆的坦克在炮弹的呼啸声中爆裂。为了压住敌人的炮火，我们所有的大炮都投入进去了。然而，到下午后半时，我们在锋线上只是设法撕开了几个口子。坦克继续朝前进攻，在炮火密集的战场上，坦克之间的决

胜利和小心翼翼地撤退

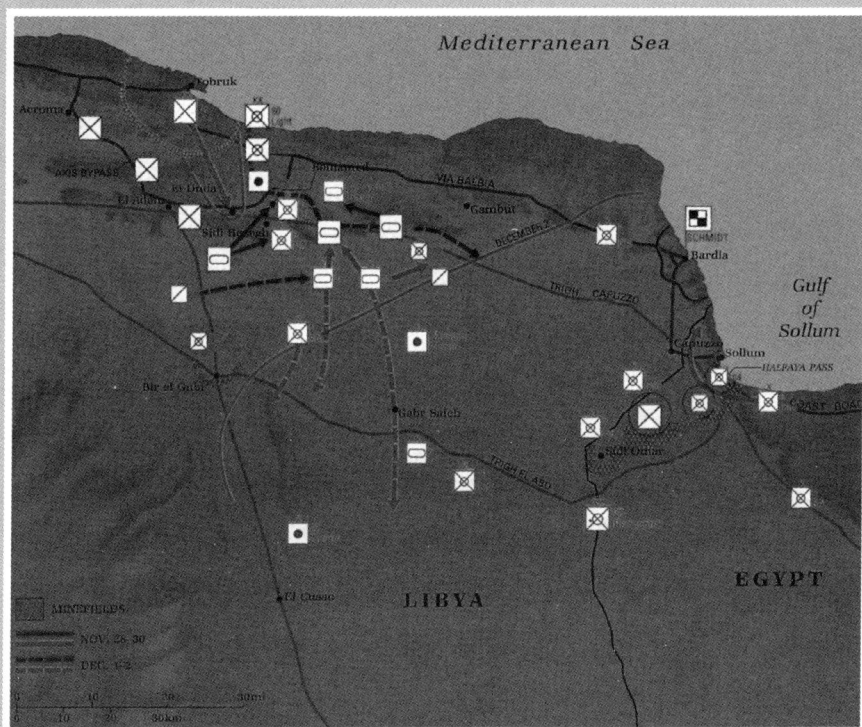

12月1日，隆美尔发起了又一次进攻，他的目标是要消灭在贝尔哈默德、艾尔杜达和西迪雷泽的新西兰第二师。第十五装甲师从西边进攻，第二十一装甲师从东边进攻，第九十轻型坦克师从北边进攻，"阿里埃特"师从南边进攻。结果是一次势如破竹的胜利，但是，轴心国部队资源耗得太干了，没法利用这一优势扩大战果。"非洲军团"派出几支小分队试图再次给正遭受英国第三十军围攻的巴迪亚守军提供补给，但未能成功，

其后，隆美尔得知英军正在贝埃古比重新集结，威胁着他的后方。12月5日，他放弃了对托布鲁克的包围，开始边打边撤，退到50英里以西的加扎拉防线。

斗越演越烈。"

当这场平原上的坦克大混战还在进行的时候，有人敲了一下克鲁维尔的装甲指挥车的车门（这辆指挥车原来是从英国人那儿缴获来的）。这位"非洲军团"司令打开车门，却吃惊地发现自己正面对一名英国士兵，士兵的周围是一圈英国坦克。这些坦克事实上用光了军火，正遭到德军炮火的攻击。英国人同样吃惊地马上开动坦克，逃之夭夭。

战斗持续到晚上。贝耶莱恩写道："西迪雷泽以南的宽阔平原现在成了一片灰尘和烟雾的海洋。夜幕快降临了，但战斗还没有结束。成百上千的机动车辆、坦克和大炮在燃烧，照亮了整个原野。"一些英国部队只剩下几门炮、几个人了。一名英国军官回忆说："在近距离射击下，这些不屈不挠的英国兵很明显毫无任何幸存的希望，但仍然在坚持射击。在燃烧着的机动车辆的映照下，我们的大炮已无法采取行动了。只见原野上是不断朝这边推进的敌军，他们好像成群庞大的鬼怪一样，在飞梭的炮弹映衬下从阴影里闪现出来。"

伤亡的统计结果骇人听闻。遭到克鲁维尔部队最猛烈进攻的南非第五大队作为一支战斗力量已不再存在。它损失了几乎所有的炮兵部队和反坦克大炮，还有224名人员阵亡、379名受伤、2791名被俘。在参战的150辆德国装甲车中，有70辆已失去战斗力。德军机械化步兵师的大多数军官和军士非死即伤。"非洲军团"

的损失如此骇人听闻，梅伦廷少校不无讽刺地把克鲁维尔的进攻描述成"一次战术上的大革新，可惜实验的代价太惨重"。但是，贝耶莱恩却非常高兴，他写道："扫除了托布鲁克前线上的直接威胁，摧毁了敌军的大部装甲力量，通过彻底打乱敌军的计划使敌军的士气受挫。"

西迪雷泽的这次坦克大战可能具有决定性的意义，但战斗还远没有结束。第三十军军长诺里将军决定把他的剩余部队向南撤退到加布沙利一带，他已损失了 2/3 的坦克。南非步兵师还有一半的后备力量；第七装甲师的剩余部队有大约 40 辆坦克已设法退到贝埃古比以南，但仍然处于危险境地；第十三军的新西兰人从东边威胁着托布鲁克。甚至在得知敌军已在西迪雷泽如何遭受重创的具体细节之前，隆美尔凭着他的直觉，决定利用英军营地的混乱猛攻一番。一边倒的胜利只是证实了这一决定的正确性。

克鲁维尔建议从正面打乱英军的阵线，但隆美尔另有打算，他要像 6 月份那次战斗一样，直捣敌军的后方。他对克鲁维尔说："威胁托布鲁克的大部分力量已被摧毁。现在，我们要转向东边，趁新西兰人和印度人能够与他们主力部队的残余势力联合起来向托布鲁克发起攻击之前消灭他们。速度是关键；我们必须趁敌军撤退之际最大限度地给予突然打击，以尽快的速度把我们的全体部队推向西迪欧马。"他的计划是要在埃及边境线上包围并一举摧毁英国部队。

　　隆美尔把一支守备部队留在西迪雷泽－托布鲁克地区，然后派遣他的行动长官西格弗里德·威斯特法尔上校把装甲部队指挥部设在艾尔阿德姆，并命令两个装甲师和意大利的"阿里埃特"师向东进军，直奔索卢姆前线。11月24日早晨，隆美尔的车走在第二十一装甲师的最前面，指挥德国装甲兵开始了贝耶莱恩所描述的"一次疯狂追击，完全不顾英国军队对他们的侧翼的威胁"。当天下午晚些时候，隆美尔到达了边境线一带，他身后的"非洲军团"在沙漠上拉开了长达40多英里的战线。他的大胆行动使第三十军陷入混乱。一名英国军官写道："尽管这次推进的路线碰巧偏差了一些，未能直接攻击到英国第七装甲师的大部残余势力，但还是横扫了一路遇上的许多部队和掉队者。第三十军的先头部队和后方指挥部都出现了骚动。一些卡车从来没有开得这么快过。"

　　11月24日晚上，在边境线的埃及这一边，载着隆美尔和高斯（他的参谋长）的车抛锚了。夜幕快降临时，克鲁维尔发现了他的处于孤立无援境地的指挥官，尽管他自己也有些迷路了。克鲁维尔的装甲指挥车上坐着"非洲军团"的大多数军官，隆美尔亲自驾驶，费劲地沿着铁丝网障碍物缓慢行进，试图寻找一条路穿过去。贝耶莱恩写道，在他们的四周，"印度的摩托车通信员来来往往都要经过他们这辆'猛犸'，英国的坦克在向前推进，美制卡车也在碾过沙漠，一路向前"。

隆美尔的装甲指挥车是一辆缴获来的英国"多切斯特"车，因其车身庞大被德国人称作"猛犸"。隆美尔自己根据一个德国童话中的人物把它取名为"莫里茨"（Moritz）。在指挥车前部的伪装网下面可以看见涂写的字样。

当德国人在盲目冒险的时候，坎宁汉姆却感到绝望。因为他的主要装甲力量已被摧毁，隆美尔又在后面追赶，他觉得只有撤退，别无选择。然而，不像韦维尔，奥金莱克却不接受这一事实。他解除了坎宁汉姆的指挥权，让内尔·里特奇少将接替他，负责继续战斗。

隆美尔直接向东推进的决定做得太仓促了，对敌军的动向没有充分的了解。尽管德军的推进使英军作战部队出现了大溃退，但一些德国部队也遭到了猛烈的攻击。"事实证明，敌军到处都是，而且比预计的还要强大得多。"贝耶莱恩这样写道。尽管第二十一装甲师的一半兵力在哈尔法牙关以南地区四处游弋，没有遭到任何攻击，但第五装甲团在西迪欧马经过几次徒劳的进攻后损失了一半兵力。"非洲军团"的将士们正变得越来越疲惫，并且缺乏食品、水和燃料。正如一名军官所言，这次卓越的反戈一击已变成了一场"噩梦"。而且更糟糕的是，隆美尔曾以为仍然在索卢姆前线的新西兰第二师，现在正步步逼近托布鲁克。

据守哈尔法牙关的德国和意大利部队被俘后等着乘坐卡车前往战俘营。在投降之前，这些士兵每天得到的配给品只有20克面包、一捧大米、一汤匙无核葡萄干和几盎司水。

　　11 月 25 日，新西兰人攻占了西迪雷泽机场。第二天，托布鲁克的驻军突破了轴心国的包围圈，在艾尔杜达的山坡上与新西兰的这支部队会合。威斯特法尔上校以为隆美尔会在 11 月 24 日晚上或最迟第二天早上赶回来，但现在仍不见回来，便不顾一切地想与这位上司取得联系。但是，跟随着隆美尔的那辆无线电通讯车离的距离太远了，威斯特法尔与作战参谋部完全联系不上。随着托布鲁克南边局势的恶化，威斯特法尔只好自作主张了：他命令第二十一装甲师回到西迪雷泽。

　　当隆美尔最终带领"非洲军团"开始打回托布鲁克时，已恢复元气的英国第七装甲师从南边进攻他的侧

翼。但是，德军的第十五和第二十一装甲师就在那附近位置稍偏的地区，他们准备进攻托布鲁克城外的新西兰军队。11月29日，第二十一装甲师遭受了一次沉重打击，新西兰人抓获了它的师长约翰·冯·拉文斯坦将军，以及他随身携带的所有地图和文件。然而，即便取得了这样的优势，英国人还是无法阻挡德国人的推进。

到12月1日时，隆美尔的部队已包围了新西兰第二师。进攻在黎明时开始。有一部分新西兰人突围了出来，但大约1000人被俘，26门大炮被缴。又回到了围城状态。隆美尔把这一消息发电报给希特勒："在从11月18日至12月1日的连续不断的战斗中，814辆敌军坦克和侦察车被击毁，127架飞机被击落。俘虏人数超过9000，包括3名将军。"

尽管如此，"非洲军团"却无法继续往前推进很长距离。当英国人的前线源源不断地得到增援的坦克时，隆美尔的后备力量却耗尽了。梅伦廷少校后来这样说道："表面上，我们好像打赢了这场战斗，但付出的代价太沉重了。装甲部队已被拖垮，一切很快变得明朗起来，只剩下一条路了——从昔兰尼加全面撤退。"

隆美尔拒绝接受这样的结局。12月3日，他命令"非洲军团"的几支分队向东边的巴迪亚要塞再次提供补给。他仍抱有希望，要把那儿的敌军赶入他的各个防守据点沿线的地雷区。但是，德军小分队的力量太弱，无法通过英军封锁线，结果很快又退回到西迪雷泽。

第二天，即 12 月 4 日，当有报告说贝埃古比附近的大批英国部队正向这边靠拢时，隆美尔命令"非洲军团"和甘巴拉将军指挥的意大利"阿里埃特"师和"特里埃斯特"师趁敌人合拢之前发动进攻。夜间，装甲部队转移到艾尔阿德姆的一个地点集中。当意大利人未能按命令露面时，德国人单独朝贝埃古比进发，直接面对英国的第二十二护卫大队、印度的第十一大队和重新装备的第七装甲师的部分力量。

尽管被围困的"非洲军团"在贝埃古比把英军打得动弹不得，轴心国在托布鲁克的包围力量却不能遏制住英军的另一次突围。12 月 5 日，英国第七十师攻下了关键的艾尔杜达－贝尔哈默德高地。同一天，意大利最高指挥部的一名军官给隆美尔带来了更坏的消息：他的装甲部队在一月份之前无望获得增援力量。不过，隆美尔仍然认为自己能扭转局面。他现在命令托布鲁克前线东区的部队撤退，由他的装甲师向贝埃古比的英军发动一次全面进攻。然而，"非洲军团"再一次发现自己是在孤军作战。战斗期间，克鲁维尔多次通过无线电向隆美尔愤怒地问道："甘巴拉在哪儿？"根据贝耶莱恩的说法，意大利指挥官们的回答是，他们的部队"已经精疲力竭，无法再适应作战"。又经过两天的激烈战斗后，隆美尔决定从托布鲁克地区撤回到意大利人曾修筑的一道防线，位于 40 英里以外的加扎拉南部。贝耶莱恩写道："这是一个痛苦的决定。"在 12 月 7 日晚上，

"非洲军团"甩开敌军,向西而去。

　　到12月12日,隆美尔的所有部队都已抵达加扎拉一线。第二天,英军开始进攻了。由于英军有可能先赶到加扎拉一线的后面去攻打梅智利,并从侧翼包抄他的部队,隆美尔命令全线撤退。

　　隆美尔的决定给轴心国的最高指挥部引来了一场

投降后的威勒姆·巴赫少校(中)向英国战地工兵解释轴心国在哈尔法牙关埋设地雷的位置。由于这位德国牧师的顽强抵抗,英国人把他叫作"地狱火门关的牧师"。

危机。12 月 16 日，他在加扎拉与他的几位上司举行了一系列会谈：巴斯蒂柯将军、陆军元帅阿尔伯特·凯塞林和从罗马飞来的意大利参谋长卡瓦勒罗将军。放弃昔兰尼加是对墨索里尼的声誉的一次可怕打击，而撤退的命令像一道霹雳闪电击中了意大利人。当巴斯蒂柯要求撤销这一命令时，隆美尔愤怒地问他有何高招处理这一局势。巴斯蒂柯回答说："作为总司令，这不关我的事。"

最后，隆美尔自作主张。他的部队边打边撤，一直持续到 1942 年 1 月初，这时候，他们已到了布雷加港和艾尔阿吉拉，当然也得到了新的部队、坦克和补给品。在遥远的东边，有 8800 名德意驻军的巴迪亚失陷了，接着又是拥有 6300 名驻军的索卢姆。然而，战斗并没有结束。巴赫上校和他的手下仍然牢牢地坚守着哈尔法牙关，死死地缠住英军的一个师，封锁了英军来自埃及的距离最近的供应线。直到 1 月 17 日，这位前牧师才屈服于不可避免的结局，带领他的孤军投降，结束了长达 10 个月的托布鲁克争夺战。

致命的 88 毫米远程大炮

在准备迎接英国人的一次进攻前，埃尔温·隆美尔在利比亚对他的一群军官说："沙漠作战可以最形象地比喻成海上作战。谁拥有最大射程的武器，谁就有最长的手臂。"隆美尔承认，刚刚获得好几百辆坦克增援的英军在即将到来的这次战斗中将发挥出前所未有的机动性。

不过，他也坚持认为："最长的手臂有它自己的优势。我们就有这种最长的手臂——88毫米大炮。"

隆美尔对这种威力无比的大炮（见右图）的自信是有充分保证的。德国的军火大王克虏伯公司秘密违背《凡尔赛条约》，在20世纪20年代后期就已研制出这种本来是用来防空的大炮。这种因口径88毫米而被普遍称作"88"的大炮首次用在西班牙内战期间。当时，德国军队用它发射的炮弹攻击苏联坦克，具有毁灭性的效果。1940年5月，德军进攻敦刻尔克期间，"88"再次显示了它的威力。英国军队在进攻隆美尔的第七装甲师时所使用的重型坦克根本不怕德国普通的37毫米反坦克大炮。"88"被运到前线，很快就止住了进攻——一阵连续轰击就击毁了英军的9辆坦克。因此，这种武器在隆美尔的作战计划中一直是重头戏。

由于在技术上属于防空大炮，所有分配给"非洲军团"的88毫米大炮都归德国空军领导，德国空军负责训练炮兵，既要能够进行成功的地面行动，又要能够朝天发射，击落敌军的飞机。然而，在战场上，隆美尔有权支配这些大炮，他对"88"的巧妙利用使敌军感到这成了他们的灾星。一名被俘的英国军官在他的坦克被"88"击中后，说出了遭到这种炮火袭击的许多人的想法："这不公平，竟然用防空大炮来对付坦克！"

1941 年 5 月，在托布鲁克附近，炮兵们匆匆把 88 毫米大炮投入战斗，准备开火。缠在炮筒上的 8 个白色环圈表示这门大炮已击毁的坦克数目。

用高射炮来对付坦克

88毫米大炮对付坦克所取得的许多成功都要归功于它作为防空大炮所具备的性能。克虏伯公司的设计者们预见到，由于轰炸机飞得越来越快、越来越高，高射炮炮兵必须打出连发炮弹才有机会击中目标。所以，他们给"88"装备了一种弹簧装置，这种弹簧装置在大炮产生后坐力时会打开炮闩、弹出炮管，然后可以装入新的炮弹；装炮手只需把炮弹放在装炮架上。

当炮管需要升高对准空中时，这种自动装炮架很管用，可是当需要把炮弹呈水平方向发射出去时，这种装炮架有它不利的一面。没有这种自动装炮架，优秀的炮兵发射速度更快一些。

所以，在反坦克作战中，一般都把它取下不用。

由于4根炮管每一根在一分钟内就能发射20发炮弹，一阵排炮一次就能对付几十辆坦克；有一次，"88"的一阵排炮就击退了50辆坦克。同样，"88"的射程（向空中可以发射到26000英尺的高度）在轰击装甲车时具有先发制人的优势。炮手在超过两英里以外的距离可以击中坦克，不过德国人更喜欢等到目标进入1000码的射程内。在这样的距离内，炮弹可以在一秒多一点的瞬间到达目标，可以穿透英国最厚的装甲车。

德国人依靠半履带式装置拖动大炮和炮兵，这样一来，使"88"相形之下显得较小（右图）。实际上，这种5吨半重的大炮并不是某些人想象的那种庞然大物。一名曾与"88"交过手的英军坦克指挥官闷闷不乐地说："它看上去并不怎么样，但就是没有什么东西能够对付它。"

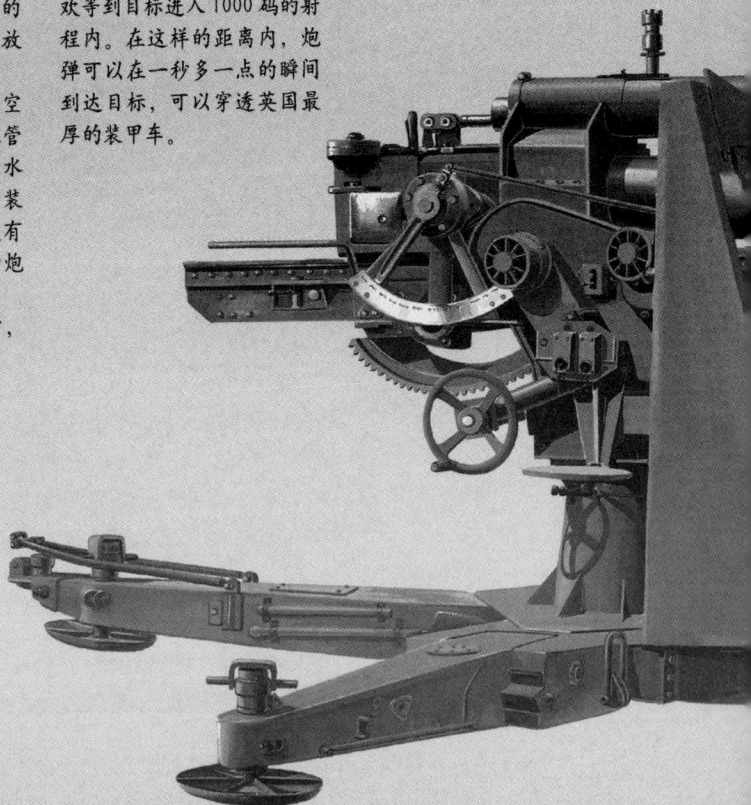

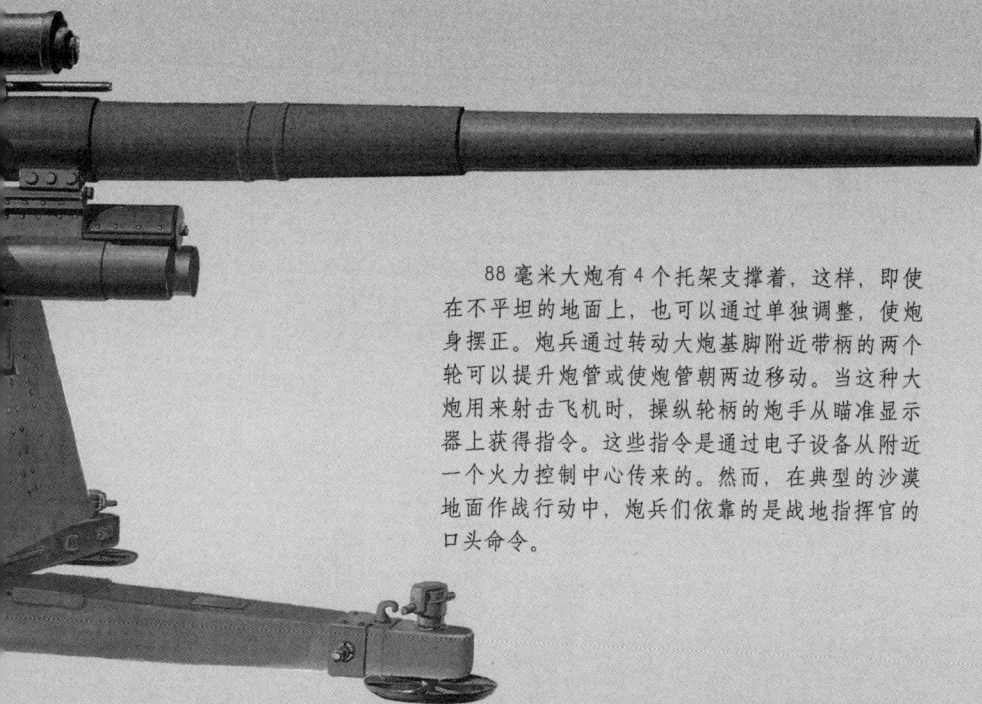

88毫米大炮有4个托架支撑着，这样，即使在不平坦的地面上，也可以通过单独调整，使炮身摆正。炮兵通过转动大炮基脚附近带柄的两个轮可以提升炮管或使炮管朝两边移动。当这种大炮用来射击飞机时，操纵轮柄的炮手从瞄准显示器上获得指令。这些指令是通过电子设备从附近一个火力控制中心传来的。然而，在典型的沙漠地面作战行动中，炮兵们依靠的是战地指挥官的口头命令。

88毫米大炮的炮兵们正在从一个柳条筐里搬运炮弹。大炮的四周有一圈沙袋保护着。

挖掘坑道，实施险恶的袭击

在战斗即将打响时，"88"的炮兵们各就各位，在大炮的四周垒起一圈沙袋（见上图），做好开火的准备。然而，只要时间允许的话，炮兵们就会挖掘坑道，这样，当大炮平放着的时候，炮管刚好露出地面（右上图）。这种隐蔽方式利用了沙漠中的雾霾现象（看不清靠近地面的东西），使大炮不会被接近的坦克察觉。这样，威力强大的"88"可以在射程内像步枪一样非常容易地通过光学测量镜来瞄准、开火。

典型的一支"88"炮兵队由一名指挥员和8名炮手组成，每名炮手都有编号，并像下图所示的那样部署位置。指挥员（C）通过光学测量镜或依靠附近的一个观察员测量出射程后，命令炮手（K1和K2）提升炮管和转动轮子。K6调整炮弹的雷管装置，使之在规定的距离爆炸，而K7负责把每发炮弹的弹头塞进雷管装置，K3负责把25磅重的炮弹放置在炮尾，关上炮门，按照命令开火。剩余的几位炮兵（K4、K5和K8）负责把炮弹传输给K7。当一门88毫米大炮只是面对坦克时，炮兵们可以使用能够穿透装甲的整发炮弹，一旦命中，雷管装置就会爆炸。

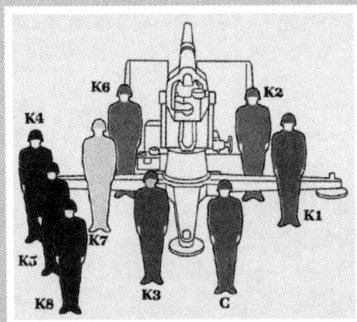

头戴帽盔的炮兵们站在隐蔽得很好的大炮边。当日头高照下的沙漠地面被烤得冒热气时，这样的阵地充其量只是一个模糊的目标，几乎不会被发现。

一名观察员使用立体望远镜为旁边的88毫米大炮测量射击效果。这种类似潜望镜的装置也可用来探测出大致的射程。

哈尔法牙关之战

1941年6月,在英军进攻哈尔法牙关的隆美尔军队期间,88毫米大炮作为一种坦克杀手再次名声大振。在进攻打响之前,德军中就有谣传,说敌军正在集结一支庞大的装甲部队。"英国兵有一种新型坦克,反坦克炮弹打在上面会像豌豆一样弹回。"一名中士这样说道。然而,由于上一年在比利时有过击退英国"马提尔达"重型装甲车的经历,隆美尔不相信盟军这次派上了什么可以抵抗住88毫米大炮的东西。

隆美尔手下的炮兵们有充裕的时间挖掘坑道,处于理想的位置,可以在短射程内袭击英军坦克。6月15日,当敌军装甲车靠近关隘时,隆美尔的命令是:"任何情况下都不要开炮。让他们来到你们的面前。"等这些巨型坦克走得非常近时,"88"才最终开炮,大炮的轰鸣声和炮弹的爆炸声相互交织在一起,汇成震耳欲聋的声音。哈尔法牙关的这场遭遇战为后来几个月的战斗设定了一个模式。由于反复多次遭到"88"的惊吓,英军最害怕隆美尔的这种沙漠中的长臂式武器。

　　德军的观察员（下图）正从坑道里向外观望，他们的炮管呈水平线、可以近距离射击的88毫米大炮已经击毁了敌军5辆坦克。远处，一辆被"88"击中的英军装甲车冒着浓烟（右上图），这构成了沙漠战争中的一幅典型画面。英军在对哈尔法牙关大溃败的官方总结中说："隐蔽作战的88毫米大炮对任何坦克来说都是致命的。"

3. 目标：托布鲁克

1942 年 1 月 17 日，埃尔温·隆美尔在给他妻子露西的信中说了不少鼓舞人心的话，尽管实际情况好像并不像他说的那样。他是一名败军之将，已精疲力竭，他手下的 33000 人在过去的两个月中成了俘虏，其中包括当时在埃及边境线上的哈尔法牙关的驻军。隆美尔此刻已在哈尔法牙关以西 350 英里处的利比亚村庄艾尔阿吉拉，正是从这儿，"非洲军团"在上一年的 3 月份发动了这次代价昂贵的战役。然而，隆美尔在写给家人的信中没有流露出任何绝望之情，而是充满了乐观。他写道："形势正朝着有利于我们的方向发展。我脑子里装满了计划，但我对这里的情况不敢多说什么。他们会认为我疯了。但是我没疯。我只是比他们看得稍微远一点。"

德国人仍然有机会对围攻他们的英国军队反戈一击，这个机会只有隆美尔和他的其中几位高级参谋官能看到。德国特工人员窃听到了美国驻开罗军事参赞发给华盛顿的无线电报告，隆美尔从这些窃听到的报告中得知，英国军队已脆弱得不堪一击。穿越沙漠追击德军过分拉长了他们的供应线，而德国空军对班加西的狂轰滥炸使他们无法利用这个最近的港口。另外，日本于

1942 年 6 月，经过长达 5 个月的进攻战，隆美尔的军队取胜，英军撤出利比亚。图中是"非洲军团"的一名意大利士兵扬扬得意地挥舞着手势、坐着一辆"菲亚特"装甲车开进托布鲁克。

12 月 7 日的参战迫使英国人把部分飞机、坦克和两个整步兵师从北非派遣到马来西亚和其他受到威胁的亚洲殖民地。

同时，柏林给隆美尔注入了新的活力。由于在地中海水域的德国潜艇已增加到 20 多艘，另外由于陆军元帅阿尔伯特·凯塞林的空军编队"第二航空队"已把总部从苏联前线移到西西里岛，提供的保护力量加强了，所以坦克、部队和供给以不断增长的数目抵达的黎波里。在两个月内，德军的潜艇就击沉了英国一艘航空母舰、一艘战斗舰和一艘巡洋舰。凯塞林的"第二航空队"保护着轴心国的运送船只，并不时轰炸英国在马耳他的海军和空军基地。这支联合保护力量实际上消除了轴心国的船只损失（在 11 月份损失率曾达到 77%）。1 月 5 日停泊在的黎波里港的一支护卫舰队运来了 54 辆坦克——这对于在 10 个月的征战中已损失掉 90% 装甲力量的隆美尔来说，是一大笔财源。

当这些新的兵员和设备抵达艾尔阿吉拉时，隆美尔的情报官员告诉他，他现在实际上比他身后的英军拥有暂时的优势（这样才有了他写给妻子的那封热情乐观的信）。例如，在同盟国增援力量到达之后，他在数量上比英军略占优势。英国第一装甲师的 150 辆坦克刚刚抵达前线，来解救所谓的"沙漠鼠"第七装甲师。"我觉得又一次进攻要开始了。"隆美尔曾对他的一位参谋部军官这样透露过。他决定趁英国人能够纠集起足够的力量恢复优势之前，在 1 月 21 日发起攻势，甚至要把英国人追到埃及内陆。

隆美尔以最严格的保密措施制定这次具有毁灭性的进攻计划，他只是让他的几位重要下属知道，连他的名义上的意大利上司和他在柏林的真正老板都未曾告诉。他故意散布谣言，说他打算向西撤退，并且通过大胆地把大批运送车队向后方转移来支持他这骗人的谎言。在原计划进攻日之前的那个晚上，他让他的手下人用火烧毁了沿海岸线的一些旧房子和附近布雷加港里的已被废弃的船只。火光冲天，明显地表示出他要撤退。正如他所期望的那样，英国间谍看到了这一切，他们当晚给开罗发送无线电信息，这使英国人进一步怀疑，隆美尔确实在准备全线撤退了。

然而，当英国人在自信地等着隆美尔离去时，他却从他的元首那儿获得了新的鼓励，要他大胆地向敌人采取行动。1 月 21 日凌晨，即发起进攻前 3 小时，隆美尔获悉，希特勒给了他更大的指挥权。他指挥的兵力以前隶属于一个装甲集团，而现在则囊括了非洲的所有装甲部队。这一权限不仅包括原来的"非洲军团"（由第九十轻型坦克师、第十五和第二十一装甲师组成），而且还包括 3 支意大利军队（第十军、第二十军、第二十一军），全都归隆美尔直接指挥。为了提高隆美尔的身份，希特勒给他授予了带剑的徽章，加在他那枚已经缀饰了栎叶的"铁十字"勋章上。"我对这一授予感到自豪，它属于我们大家，"隆美尔当天早晨对他的部下们这样说，"让它激励我们继续前进，最终打败敌人。"

　　早晨 8 点 30 分，隆美尔派遣的两支纵队在德国空军"斯图卡式"轰炸机的掩护下发起了进攻。被称作"马尔克斯战斗群"的那支小纵队（因其指挥官是魏尔纳·马尔克斯中校而得名）沿着海岸公路向东出击。"马尔克斯战斗群"虽然只有两个机械化步兵营、一些大炮和几辆坦克，但后面有第九十轻型坦克师（即原来的"非洲师"）和意大利的第二十军（包括"阿里埃特"装甲师和"特里埃斯特"机械化师）的支持。隆美尔实力更强的那支纵队（由第十五和第二十一装甲师组成）以平行阵形穿越沙漠行动，希望诱敌深入，打击英军装甲部队。

为了模拟斑驳陆离的沙漠地面和躲避敌军的空中侦察，一架涂着豹子花纹的 Me 109 战斗机低空飞行，支持德军的地面部队。为了迷惑敌军的高射炮，飞机的下侧很巧妙地涂成了天蓝色。

由隆美尔在前面开路，"马尔克斯战斗群"在已铺了沥青的海岸公路上急驰，首先击散了挡在道路上的一支孤立的英军大队，到第二天早晨，抵达了离艾尔阿吉拉 60 英里的阿格达比亚。然后，纵队离开公路，深入内地切断敌军的逃路，朝东北方向急行军穿过沙漠，到达安提拉特，并于当晚继续推进到桑奴——两天内推进的行程共达 100 多英里。隆美尔扬扬得意地说："我们的对手好像被蜇了似的，只顾逃命。"

在南线，另一支纵队的长队形装甲车因沙暴、过度的燃料消耗以及与英军装甲部队的断断续续的交战，速度一直较慢。在最靠右边的侧翼，沿着法雷河谷的陡峭山坡，一支由海因茨·施密特中尉指挥的机械化步兵连突然袭击了 3 名正坐在营地椅子上围着火煮茶的英国士兵。德国人喝了英国人的茶，收缴了他们的装甲车，然后，如施密特所说的，还给那 3 位道了声再见，"并很有礼貌地希望他们会搭上便车回家"。

第二天，即 1 月 22 日，施密特的人遇到了更严峻的抵抗——保护英军撤退的 30 辆坦克。德国人召集了他们的反坦克部队，并很快在一处坑洼地架好了 50 毫米大炮。大炮吐出致命的火焰，同时，十多辆装甲车朝着英军坦克隆隆地开去，英军坦克马上就撤走了。在继续推进的过程中，德军坦克和反坦克大炮交替行动，相互支持，一方提供炮火保护，而另一方则全速冲刺。这是一种新的攻击方法，施密特写道："我们像青蛙一样从一个有利位置跳到另一个有利位置。"到1月22日晚上时，德军已把英国第一装甲师的大部人马赶到阿格达比亚以东的一个很危险的地方。为了阻止该师向北撤退，隆美尔当晚在阿格达比亚至安提拉特和桑奴沿线设立了一道武装包围圈。一旦这个包围圈形成，"马尔克斯战斗群"就可以从桑奴往南推进，夹击敌军的装甲部队。

意大利参谋长乌果·卡瓦勒罗佩戴着德国人颁发给他的"铁十字"勋章，在利比亚与下属们商谈。意大利的外交部部长认为卡瓦勒罗是一名江湖骗子："他也许算不上一位伟大的战略家，但当涉及争权夺利时，他甚至可以骗住德国人。"

　　隆美尔的这次大胆袭击正在变成一次规模很大的进攻战。意大利最高指挥部本来对这次行动的高度保密就已满怀愠怒，现在则变得大为震惊了。1月23日早晨，意大利参谋长乌果·卡瓦勒罗陆军元帅和凯塞林陆军元帅从罗马赶来与隆美尔商谈。作为总司令的凯塞林这次肩负着两项具有挑战性的任务，一方面要保证补给品到达北非，另一方面要充当情绪无常的意大利人和易动怒的隆美尔之间的调解人。这次他也不能保证完成任务。卡瓦勒罗在6个月前曾试图阻止隆美尔从加扎拉进一步撤退，现在又要阻挡他的成功推进。他带着墨索里尼要求坚持防守的指示，告诉隆美尔说："只需要突袭一下

就行了，然后直接回来。"隆美尔反驳说，他打算继续
坚持进攻。"除了元首"，没有人能改变他的主意。隆
美尔在他的日记里写道，他的反驳达到了预计的效果，
卡瓦勒罗"嘟哝着离开"，不理他了。

卡瓦勒罗出于义愤暂时收回了意大利的两个军，
没有这两支意大利军队的行动，隆美尔照样推行他的计
划，决心要击溃撤退中的英军的坦克部队。他知道，英
军第一装甲师由于没有经验是不堪一击的。不像德国人
对北非的现有部队不断补充兵员，从而保证了部队技能
和荣誉的延续性，英国人是完全整个儿地替换部队。另
外，隆美尔握有突然袭击的法宝：英国人把他的坦克实
力低估了一半，而且认为他的反戈一击不过只是想试探
一下实力。然而，在包围他的敌人时，他面临着一个很
困扰人的事情——在撒哈拉沙漠里排兵布阵尤其困难，
因为几乎没有什么障碍物保证自己不会被对手发现。事
实上，在传达命令时的一次意外疏忽使隆美尔的计划
受挫。1月23日，"马尔克斯战斗群"已经开始朝南
行动，但从安提拉特向前推进的德国装甲部队却未能
占领桑奴，留下一个缺口很快让英国人利用了。德国人
的确与英军第一装甲师的几支力量交过火，并且给他们
造成了很重的损失，使得隆美尔开始以为，这次行动取
得了成功。直到第二天很晚的时候，他才意识到英军的
大部分坦克已溜走了。正如隆美尔的情报长官弗里德里
克·冯·梅伦廷少校所言，这次行动"再次证明，要在

沙漠里包围武装的编队是多么困难"。

　　然而，隆美尔却不服气。1月25日，他的装甲部队重新开始追击，向北朝姆苏斯追去。他们多次追上了行动缓慢的英国坦克编队，把他们打得四处乱逃。梅伦廷写道："有时候，追赶的速度达到了每小时15英里。英军纵队在沙漠里发疯似地逃亡，这是这场战争中最不同寻常的一次大溃退。"第十五装甲师在不到4个小时的时间里追赶了50英里，直追到姆苏斯。它席卷了敌军的好几支供应纵队，并及时地赶到了姆苏斯机场，缴获了十多架停在地上的英国飞机，给当天的战利品（96辆坦克、38门大炮、190辆卡车被缴获或被击毁）又增添了一份。隆美尔欣喜若狂地说道："现在局面发生

　　下图，在隆美尔的部队进攻班加西期间，一枚德军炮弹差一点儿击中英军的一辆装甲车。嵌图，一辆德军装甲车在班加西和梅尔莎－布列加之间的交叉路口停歇。一块手写体告示牌说明这个地方曾经是英军在最近朝相反方向进攻时使用过的一处供水站。

了翻天覆地的变化。"

从姆苏斯，隆美尔想通过他在上一年春季走过的那条内陆路线朝东北方向推进，这条路线通往梅智利的古要塞。但是，他的装甲部队缺乏足够的燃料大规模地穿越将近85英里的开阔沙漠地带，所以他最终选择重新攻下西北70英里外的班加西港，这样也可以与德国的运送舰队连接起来。1月27日晚，他派遣他的装甲部队佯攻梅智利。英国人被愚弄了，他们把装甲力量集中在梅智利，留下班加西没有防守。然后，隆美尔亲自率领"马尔克斯战斗群"朝着真正的目标进发，他们

艰难地穿过山口和荒凉的沼泽地，顶着沙暴，冒着阵雨。24 小时后，他的卡车和装甲车到达班加西以东 16 英里的一个早已废弃的土耳其人要塞。同时，意大利的第二十军正从南边向这个港口城市逼近。印度第四师的好几千名将士被困在班加西，一副无可奈何的样子。但在晚上，大多数将士突破了德军的防线，朝东南方逃去。他们丢下 1300 辆卡车，这让德国人在后来的几个月里大大派上了用场。

这是一张当时散发到世界很多地方的照片："沙漠之狐"隆美尔 1942 年 1 月 29 日攻下班加西后检阅他的部队。经历这次战役中各种艰辛和危险的隆美尔站在汽车的最前部位置，接受将士们的欢呼，将士们亲切地叫着他的名字"埃尔温"。

隆美尔于第二天即1月29日进城，刚好及时地得到墨索里尼的一份已来迟的指示，授权他向班加西进攻。他还从希特勒那儿得到一项更及时的命令。隆美尔事前没有给柏林打招呼就发动了这次攻势，但很明显，元首不但没生气，还提升他为上将。

隆美尔的一月攻势剩下的部分有点扫兴。他留下自己的装甲师补充燃料和重新休整，率领两支由卡车步兵和装甲车组成的规模中等的作战部队横扫昔兰尼加半岛。2月6日，即发动这次攻势后的第16天，他靠近了加扎拉，这儿离他的出发点有250多英里，而离托布鲁克只有40英里。隆美尔知道英国人已在加扎拉重新集结，正在掘壕固守，所以谨慎地停止了前进，等待补给品和增援部队。他写信告诉妻子："我们已回到了昔兰尼加。推进的速度像闪电似的。"

实际上，沿加扎拉以南延伸的这条新战线已到了一个相持阶段，隆美尔利用这个机会休了一个月的假。对于"非洲军团"来说，他的回家是一次很受欢迎的暂停。第九十轻型坦克师的官方日志这样写道："人人都重重地舒了一口气，期待着未来日子的平静。"但是，隆美尔并没有享受多少喘息时机。无论他与家人在奥地利度假，还是与希特勒在东普鲁士元首野战指挥部共进晚餐，他走到哪都在想着他的沙漠。隆美尔向希特勒保证，如果给"非洲军团"增加一倍的实力，从3个师增

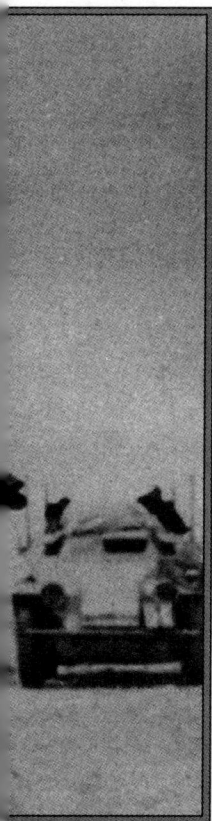

突袭班加西

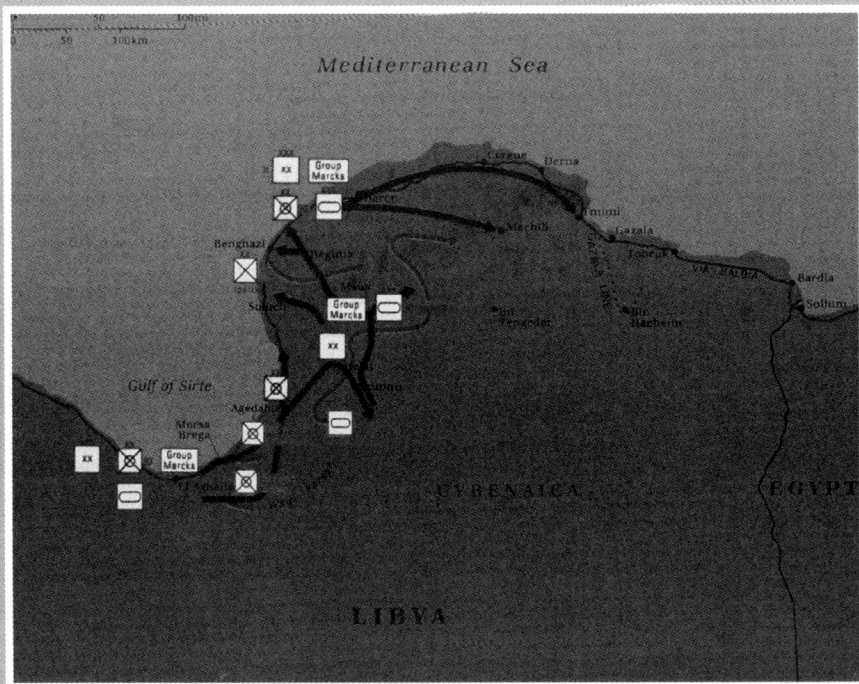

　　由于增援的力量巳从的黎波里抵达他在阿吉拉的基地，隆美尔于 1942 年 1 月 21 日发起了一次突袭行动。他希望能包围英军的第一装甲师，便派了两个纵队向东北方向挺进（深色箭头）。两天后，英军（浅色箭头）在阿格达比亚以东逃脱了隆美尔的陷阱，但是，在德军装甲部队把他们往姆苏斯方向追赶的过程中，英军损失惨重。1 月 25 日，在

攻下姆苏斯后，隆美尔又继续朝梅智利方向追击，然后对班加西港发动一次闪电式进攻。1 月 29 日，他的部队攻下了班加西港。在接下来的一周里，德军装甲部队横扫昔兰尼加，紧追着英军不放，迫使英军在加扎拉往南一直到贝尔哈凯姆建立起一条新的防线。2 月 6 日，隆美尔停止追击，巩固胜利果实，准备下一次对抗战。

加到6个师，他就能够征服埃及。隆美尔后来写道："如果给6个德国机械化师，我们就可以彻底击败英国人，那样的话，在未来很长一段时间里，南边的威胁就不复存在。"

希特勒排除了这种可能性——因为在苏联前线需要更多的兵力，所以隆美尔把重点放在一些更紧迫的目标上。他要求获得足够的增援部队，以攻下拒不放弃的英国人在托布鲁克的防御工事，这是通向埃及道路上的一个重大障碍。而为了保护攻打托布鲁克所需的供应线，他要求占领马耳他岛，因为正是从这个岛上，英军的飞机、轮船和潜艇再次虎视眈眈地盯着轴心国的运送船只。然而，希特勒对这些要求几乎没有批准什么，苏联的形势已够他操心的了。隆美尔飞回沙漠，他告诉他的部下，尽管他们最近战果辉煌，元首仍然认为北非是一个次要战场。

事实上，希特勒心中的压力在不断增加，他得对马耳他岛采取行动了。海军司令艾力克·雷德尔上将和陆军元帅凯塞林都认为马耳他岛是一个眼中钉、肉中刺，耗尽了德军在地中海的有限资源。他俩也要求立即进攻马耳他岛。1942年2月下旬，在隆美尔失望地与元首共进晚餐后不久，凯塞林又毫不让步地向希特勒提出了攻占马耳他岛的请求。凯塞林回忆说："在结束这次会谈时，希特勒抓住我的手臂，用他那口奥地利方言告诉我，'耐着一点性子，陆军元帅，我会这么做的'！"

　　一个计划出笼了。代号叫"大力神"的这次行动
首先将采取一次空中打击，其规模将超过 1941 年 5 月
针对希腊克里特岛的那次入侵（那次胜利给德军造成的
惨重代价仍使希特勒震惊不已）。领导"大力神"行动
的是入侵克里特岛的指挥官库尔特·斯图登特将军，他
是德国杰出的空战指挥官。这次，他将指挥两支伞兵师
（一支德国的，一支意大利的）快速攻占该岛的 3 个机
场和其他战略要地。空中打击后，海上的几支意大利步
兵师将在坦克的配合下攻击海滩，彻底消灭无依无靠的
英国驻军。

　　"大力神"行动预计 6 月份进行。为了准备这次
行动，凯塞林通过加强空中打击，削弱了岛上的力量。
大规模的轰炸于 4 月 2 日开始。500 多架德国"第二航
空队"的飞机从西西里和意大利本土起飞，对马耳他岛
狂轰滥炸。在一个月时间里，凯塞林的飞行员们向马耳
他岛出动了 9500 架次，扔下了将近 7000 吨炸弹。他们
摧毁了码头和轮船修理厂，炸坏了机场跑道，击沉了补
给船只，通过从空中投下水雷封锁了港口的入口处。英
国的海上舰队和海下潜艇逃离了该岛，空军基地实际上
采取不了任何行动。到 5 月初时，德国的轰炸按计划取
得了成功，大批"第二航空队"的飞机又返回到苏联前线。

　　对于隆美尔的供应线来说，轰炸马耳他岛几乎具
有神奇的效果。在 4 月份，他的部队接受了约 15 万吨
装备——是上一个月接受量的 8 倍多。轴心国在海上的

损失可以忽略不计。坦克、军火、食品和汽油以前所未有的规模运抵的黎波里和重新占领的班加西港和德尔纳港。运来的货物中偶尔甚至还包括一些奢侈品，如便携式户外厕所，它的门上有一个心形小洞，送给了隆美尔的流动指挥部的卫兵小组。这一户外厕所成了每位士兵羡慕的东西，因为他们不得不在坚硬的沙漠地面上挖坑解便。

马耳他岛的压力开始支配英国人在北非的战略。首相温斯顿·丘吉尔要求他的中东地区指挥官克劳德·奥金莱克爵士将军尽可能快地发起进攻，重新夺回昔兰尼加的几处机场，这样，英国皇家空军可以从这些前沿基地起飞，护送船队给马耳他岛提供补给。奥金莱克命令部队原地不动，他在拖延时间，等待他的前线野战司令内尔·里特奇中将把第八军的新兵部队整编好，同时也在准备依靠一条铁路延伸线运来更多的坦克和补给品。这条铁路现在已从埃及修到离托布鲁克东南 20 英里的贝尔哈默德。隆美尔知道这些情况，他担心英国人会赶在 6 月份"大力神"行动之前先发起攻势。在德尔纳，原先的占领者英国人用粉笔在前门上写着："请保持整洁。我们很快还要回来。"每天晚上，当隆美尔回到设在德尔纳的指挥部时，这几个字一直在迎接着他。这提醒他，在沙漠里作战，局势的变化会有多么的快。

由于急切地想在英国军队变得过分强大之前采取进攻，隆美尔把优先考虑的顺序倒了过来。在凯塞林的

支持下，他敦促柏林和罗马允许他先攻击托布鲁克，然后再入侵马耳他。希特勒和墨索里尼4月底在贝希特斯加登会晤后，同意了隆美尔的计划。他将在6月初之前进攻托布鲁克，然后在埃及边境一带暂停，保持防守，以便推行"大力神"行动计划。

在隆美尔和托布鲁克之间，矗立着一道坚固的防线。英国人利用前线战火暂停阶段修筑的这条防线从海岸边的加扎拉向南蜿蜒40英里，然后一个急转弯，朝东北方向的托布鲁克又延伸了20英里。加扎拉防御工事布下了最为密集的地雷区——埋下了50万枚地雷，护卫着英国人称作"盒子"的一排排的据点。

设计这些间隔距离没有规律的"盒子"是为了用作英军夏季攻势的跳板，另外，一旦隆美尔先发起进攻，也可用作防御要塞。每处"盒子"大约1英里见方，周围用铁丝网圈着，布满了大炮。每处"盒子"可以容纳一个大队或更多的步兵，以及被围困时足够抵抗一个星期的补给品。支援这些"盒子"的是里特奇的机动后备军：坦克编队可以援救某一个被围困的据点，或者加入进来，穿过地雷区的安全缺口，冲出去发起攻势。

驻守在加扎拉防线的英国军队和武器在数量上占有明显优势。大约125000名英国人面对113000名德国人和意大利人。此外，英军大约有850辆坦克，德、意560辆（其中的228辆是较差的意大利型号）。

在德军冬季进攻中占领的一座机场上，德国飞机引擎的轰鸣扬起一片沙土。停放在近处左边的两架长距离Me 110战斗机保护着第52运输大队给隆美尔的装甲车运来大批珍贵的燃料。

这张照片是从一架意大利飞机上拍摄的，只见炸弹在马耳他岛的梯形的原野上喷发出浓烟。马耳他岛离西西里岛只有 15 分钟的飞行时间。

一座坚不可摧的小岛

从四处劫掠的古代腓尼基水手到近代拿破仑的贪婪成性的军团，一代又一代的入侵者发现马耳他岛是一块既诱惑人又很难啃的骨头。这个命途多舛、岩石嶙峋、战略地位十分重要的地中海岛屿位于直布罗陀海峡和苏伊士运河之间的半途，离西西里岛只有 60 英里。

1815 年之后，英国不断加固马耳他岛，使之成了英帝国的一根支柱。在 1941 年下半年，以该岛为基地的英军飞机、军舰和潜艇严重损耗着这条连接轴心国及其驻北非部队的生命线。很明显，必须制服马耳他岛，否则，就会失去"非洲军团"。

这些现代入侵者比他们之前的任何入侵者都更具毁灭性的力量。从 1941 年 12 月到 1942 年 4 月，德国和意大利轰炸机每天要在该岛的上空实施多达 8 次的轰炸。富有活力的马耳他人利用岛上众多的石灰岩地形挖掘防空洞，修筑防弹片掩体，用以保护皇家空军的喷火式战斗机——然后祈祷。

至少，他们的某些祈祷得到了回应：一枚德国炸弹穿透一座教堂的屋顶，里面有 300 名教徒正在聚会，但炸弹却很奇怪地没有爆炸。然而，另一些爆炸了，致使成千上万的建筑——包括马耳他的一些著名艺术珍品库——成为废墟。

对马耳他起关键支撑作用的运送船只每天遭到例行的轰炸，岛上的人们不久就面临饥饿。燃料、饮用水和食品不得不实行配给制。当地的英国皇家空军司令写道："我们的早餐是半块质量很差的面包和一点果酱，午餐是罐头牛肉外加一小片面包，晚餐跟午餐是一样的。"

然而，坚忍不拔的马耳他人再一次战胜了这批征服者。托布鲁克的沦陷和德军在苏联展开的新一轮进攻使希特勒力不从心。他中断了入侵马耳他的计划，把德国空军派去轰炸其他目标。

146

马耳他岛的格兰德港是英国地中海舰队的一个主要基地。图中港口的一艘盟军战舰被炸后冒出浓烟。

士兵们正在清理一条被炸的街道。1942年4月，轴心国的飞机向马耳他岛扔下了差不多7000吨炸药。

对隆美尔来说，更糟糕的事情是，英军比轴心国部队多出 10 倍的装甲车，而且在大炮和飞机上也保持着几乎三比二的优势。德国特工对这些令人吃惊的数字知道一些，但并不是全部。地雷区的整个范围以及至少 5 支英军大队的准确位置都没有被他们注意到。梅伦廷写道："也许很幸运的是，我们低估了英军的实力，因为如果我们对情况全部了解的话，甚至连隆美尔也有可能退缩下来，不敢贸然进攻一支占有如此优势的敌军。"

隆美尔在一定程度上可以依靠作战质量来帮助平衡一下对他的不利因素。例如，在战场上，他的 48 门 88 毫米大炮的威力和他那几支技高一筹的装甲师可以给英军规模更大但连贯性更差的坦克部队予以沉重打击。在空中，Me109 型战斗机能够绕着圈子飞过英国皇家空军的"飓风"和"猫头鹰"战斗机，而在轰炸的准确性上，英国没有任何飞机能比得过德国的"斯图卡式"轰炸机。在这些有形资产之外，还有笼罩在隆美尔本人身上的威严光环。有很长一段时间，他一直是一位对他的部下能起激励作用的人物。梅伦廷记载道："在隆美尔和他的部下之间，存在着一种无法解释和分析的共同默契，这只能是神赠予的一份礼物。"现在，他的神话也在英军中滋长了。几个月前，丘吉尔这样对下议院说："我们遇到了一位很有胆识、很有才能的对手，我要说，他是灾难深重的战争岁月中的一名伟大将军。"

隆美尔的一大秘诀是，他不像一名普通的将军那样去思考、去行动。英国人以为隆美尔会以常规的方式——正面进攻，去攻打障碍物不计其数的加扎拉防线。但是，隆美尔不会让他的部队去攻打早已有所提防的据点，他只是佯作正面进攻。当步兵牵制住英国装甲兵时，他决定率领坦克纵队和机械化师大胆神速地横扫英军的南翼。一旦赶到加扎拉防线的后方，他马上直奔海边，在英军能够反扑托布鲁克之前先切断他们的退路。然后，他把敌军孤立起来，一个一个地分而击之。他的计划制订得很有自信，要求在发起攻势后的第三日攻打托布鲁克。

隆美尔决定派遣他的大批装甲部队前去包围英军的南翼，这是很冒风险的。每一颗子弹、每一发炮弹、每一个油箱和水罐都得经由那条迂回的道路运送到他的装甲师。把这么多力量集中在一侧行动，会使德军的中线敞开，方便英军向西突围。德军装甲部队参谋长阿尔弗雷德·高斯中将评论道："如果他输掉了这场战役，他就会失去整个非洲。"

5月26日下午，隆美尔发起了他的攻势，代号叫"威尼斯行动"。两点钟，一次制造假象的进攻战在沿加扎拉防线北翼和中心地带的20英里战线上打响了。隆美尔的大炮在轰鸣，"斯图卡式"轰炸机尖叫着冲向由南非第一师和英国第五十师据守的那些"盒子"。战斗工兵匍匐着前进，穿过地毯式的地雷区清除道路。在他们

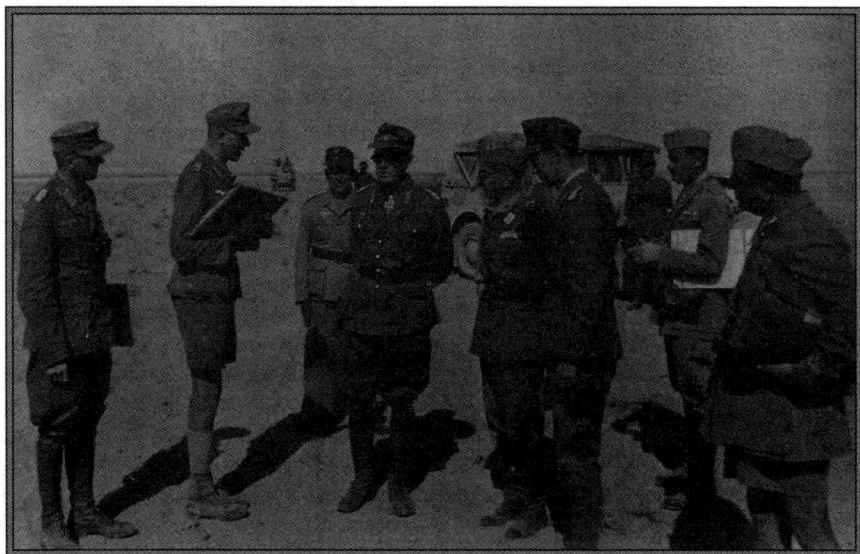

的身后，是4支意大利步兵师和德国第九十轻型坦克师一个大队的步枪和机枪组成的炮火，全部由能干的路德维希·克鲁维尔中将指挥，他是"非洲军团"的前总司令，在战胜黄疸病后又回到前线。在背后远处，隆美尔设计安排了一次蔚为壮观的装甲兵大阵容。事实上，只有几辆坦克是真的，其余的都是模仿得很逼真的、放置在汽车上的假装甲车。这是沙漠战争中的一种骗术新招：安装在汽车尾部的飞机发动机搅起阵阵尘土，造成装甲纵队意欲冲来的假象。

　　然而，尽管这一切都设计得十分巧妙，但对敌军的影响并不像预计的那样大。由于"超越"小组的特工人员破译了窃听到的德军情报，英国人知道一次进攻战即将到来，所以已做好充分的准备。他们的数量优势可

5月26日，在进攻加扎拉之前，路德维希·克鲁维尔中将（中间戴墨镜者）在给德国和意大利军官通报情况。克鲁维尔在3天后被英军俘获，并被带到开罗。在开罗，当他看到漂亮气派的"牧羊人饭店"时，便嘲弄地对卫兵说："这儿将成为隆美尔的指挥部。"

以对付隆美尔的优势，不过，仅从轴心国的步兵行动来
看，还看不出这次大规模的进攻即将进行，而由于下午
的一场沙暴，看不清隆美尔布置的装甲车大阵容，所以
英军指挥官们并未采取"必要"的行动步骤——把装甲
车派上前去迎接假想中的正面进攻。然而，与此同时，
沙暴给隆美尔的主力进攻部队提供了很好的掩护，它正
在加扎拉防线中心地带的对面集结。

当晚10点30分，隆美尔带领他的庞大车队（总
数将近一万辆，有坦克、装甲车和卡车）载着睡眼惺忪
的步兵和足够4天用的食品、水和军火，开始了行动。
他的部队分3支纵队朝东南方向开进：意大利第二十军
的"阿里埃特"师和"特里埃斯特"师在左翼，第十五
和第二十一装甲师在中线，第九十轻型坦克师在右翼。
与装甲师乘车同行的隆美尔这样写道："我既紧张又兴
奋，烦躁地等待着第二天的来临。敌军会干些什么？敌
军已干了些什么？"

然而，在与敌军交火之前，隆美尔的纵队得穿越
无路可寻的沙漠，对付沙漠中一夜行军的各种危险。仅
一个运动中的装甲师就要占地11平方英里，而5个师
同时穿过黑夜中的沙漠需要复杂精细的协调配合。隐藏
在油箱上的车灯可以帮点忙，天上的月光也可以帮点忙。
远处，德国飞机扔下的照明弹可以勾画出加扎拉防线最
南端的防御要塞贝尔哈凯姆。由于及时地得到了警告，
这几支鬼影般出现的德军纵队与这个要塞保持了一段较

宽的安全距离。为了帮助导向，所有机动车辆的驾驶员
都按照精确的罗盘方向，保持匀速前进。尽管早有防备，
一些部队还是走散了。处于最左边的"特里埃斯特"师
不知不觉中走到它预定道路的东边去了，困在沙丘里动
弹不得，只好让它的同伴"阿里埃特"师单独继续前进。

5月27日将近黎明时分，在行进30多英里之后，
这支没有再遭遇上什么不幸的军队在贝尔哈凯姆的东南
部暂停一个小时，休整和补充燃料。然后，从侧翼包围
加扎拉防线后，机动车辆向北开去。现在，3支纵队分
散开来，执行它们各自分配的任务。在左翼，意大利人
进攻贝尔哈凯姆，以清除加扎拉防线的南边这个堡垒。
在右翼，德军第九十轻型坦克师在3支装甲侦察部队的
支援下开向东北方向的艾尔阿德姆（托布鲁克以南15
英里处），以切断英军通往更靠东边的贝尔哈默德大供
应站的道路。在中线，2支装甲师直接朝北开去。他们
的宏伟目标是于当天赶到海岸公路以南几英里处的阿克
洛马。

隆美尔和他的指挥官们几乎不敢相信他们的好运。
英国人没有做出明显的举动来抗击这次针对他们后方的
大规模威胁，这使得隆美尔只能断想，他的侧翼行动一
直未被察觉。实际上，南非的装甲车一直在悄悄跟踪隆
美尔的部队，已通过无线电向第七装甲师的总部做了报
告。这些报告对英军的指挥阶层没有多大影响，他们仍
然以为会有一次正面进攻，不愿认为这只是佯攻。天亮

后不久，隆美尔的纵队与暴露无遗的英军部队开始交火。在贝尔哈凯姆东边，隆美尔的左翼，"阿里埃特"师和第二十一装甲师突袭了印度的第三摩托车大队。由于没有坦克的支持，这支大队在来势凶猛的轴心国装甲车面前很快就四处逃散。

德国装甲师然后向北推进，而意大利人折向西边，进攻他们的目标——固若金汤的贝尔哈凯姆要塞。由于没有迷路的"特里埃斯特"师的帮助，"阿里埃特"师的压力很大，即便有着最好的装备也难以突破贝尔哈凯姆要塞。事实上，他们那些笨拙的 M13 型坦克闯入了地雷区。少数几辆侥幸逃过地雷区、开到要塞边缘地带的 M13 坦克又遭到反坦克大炮近距离的平射。幸存者退了回来，重新组织，意大利人在只有一个多小时的时间里损失了 32 辆坦克。

在隆美尔的右翼，第九十轻型坦克师的推进要容易得多。德军乘坐卡车和装甲车一路轰轰隆隆地行进，装甲车的尾部装备着用来扬起尘土的引擎，以增加德军表面上的数量。这支纵队用了很长时间才迫使一支敌军放弃雷特马的要塞，随后向北急驰，攻占了英军第七装甲师的指挥所。他们甚至还抓获了该师师长弗兰克·梅塞尔韦少将，不过当时并未意识到这一点，因为梅塞尔韦摘掉了他的军衔徽章；他于当晚设法逃走了。德国人轻而易举地拿下了梅塞尔韦这支孤军，这突显了里特奇将军所冒的风险，他的装甲部队全给分散开了——这种战术遭到了隆美尔的严厉批评。他在战斗结束后总结道：
"英国人的主要目的本来应该是把他们拥有的一切装甲
力量一次性地同时投入战斗，他们根本不应该允许自己
被愚弄，把部队分成了几块。"

事实上，在战斗进行过程中，双方都有一段时间
很难保持部队的连贯性。在攻占梅塞尔韦的指挥所后，
第九十轻型坦克师向北急驰，中午之前赶到了艾尔阿德
姆，但是，不打一仗，英国人是不会放弃通往他们供应
基地的这条路的。里特奇在这一地区建有一处坚固堡垒，
很快，英国装甲车就上路了，准备抵抗德国人的威胁。
与此同时，在隆美尔进攻中线的两支装甲师由于没有侦
察部队，只能是凑合着作战，侦察部队已被派去增援第
九十轻型坦克师了。在上午九十点钟左右，德军装甲师
在贝尔哈凯姆和艾尔阿德姆之间的半路上遭遇了英军第
四装甲大队的大约 60 辆重型坦克。在德国人运来 88 毫
米的高射炮之前，英国的这些庞然大物发动了 3 次快速
攻击。但德国的 88 毫米大炮向迎面冲来的英国坦克射
出雨点般的炮弹，同时，装甲师盯住英军的侧翼，以协
调良好的攻击方式摧毁了英军将近一半的装甲力量。英
军的残余部队朝艾尔阿德姆方向撤退，在那儿，他们报
复性地重创了第九十轻型坦克师。

上午的战斗结束后，第十五装甲师师长古斯塔
夫·冯·瓦斯特中将在纵队正准备恢复进攻时匆匆赶到
前面。一名连长通过喇叭对他叫喊道："现在走哪边？"

在加扎拉的殊死战斗

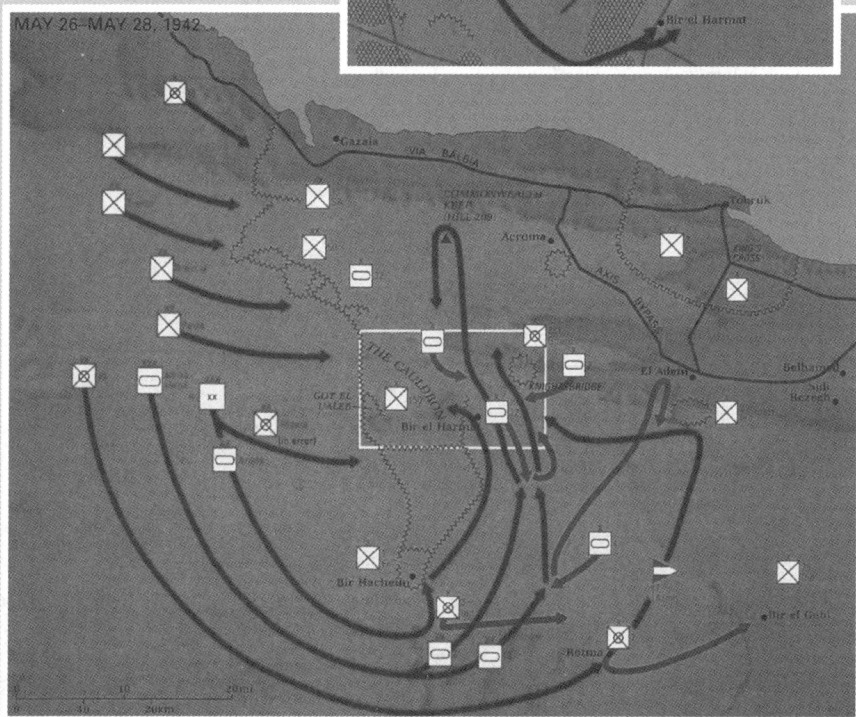

MINEFIELDS

MAY 26–MAY 28, 1942

　　5月26日下午，在克鲁
维尔的步兵遭受大溃败后，
隆美尔率领机动部队包围了
英军在加扎拉的南翼，企图
在加扎拉和托布鲁克之间插
入一根楔子。5月27日，爆
发了激烈的战斗。意大利"阿
里埃特"师未能攻下在贝尔
哈凯姆的"自由法国人"的

堡垒；第九十轻型坦克大队
冲破了英军第七装甲师的指
挥部，直打到阿德姆附近才
停下；第十五和第二十一装
甲师遭遇了敌军坦克，在阿
克洛马停滞不前。在接下来
的两天里，隆美尔不得不又
为供应紧张而挣扎。

　　最后在5月30日，他在

后来被称作"大锅"的一个
地方突破了英军的防线。他
猛攻驻扎在那儿的一支守军，
于6月1日终于攻下了它。4
天后，英军试图消灭"大锅"
里的德军装甲部队，但徒劳无
益（见嵌入的小图）。隆美尔
然后围攻贝尔哈凯姆，直到守
军于6月10日撤走为止。

155

瓦斯特还未来得及回答，他的副官就打着手势叫道："走那边！隆美尔在那边！跟着他！"

隆美尔确实就在那边，像他通常的那样总是走在队伍的最前面。他的指挥车正开过满是残骸碎片的原野。他可以得意地说，他很熟悉英国人的战术，他们这次好像又把装甲车挨个挨个地排列着。不过，他也有些不安，因为这批刚刚威胁过他的装甲师的重型坦克是一种出现在沙漠战争中的新东西：在底特律组装的、重达29吨的美制"格兰特"装甲车。在650码的射程内，"格兰特"75毫米大炮甚至可以穿透德国"装甲III号"新近加厚的正面钢板，而"装甲III号"50毫米短筒大炮从250码近距离发射的炮弹打不穿"格兰特"装甲车。安

图为英军装甲兵从一辆被击坏的"格兰特"坦克中出来投降。"格兰特"坦克是美国制造的一种威力很大的装甲武器，于5月27日在加扎拉战役中首次亮相。它装有一门75毫米大炮，能够击穿大多数德国坦克，但跟英国的大炮一样，它们无法与隆美尔的88毫米大炮相比。

装在特制的新式"装甲 III 号"上的 50 毫米长筒高速大炮倒是能够有效地对付"格兰特"装甲车，但隆美尔迄今为止只有 19 辆这样的装甲车。很明显，他手中的 88 毫米大炮将在未来几天里被逼到极限。即使在那天上午因为德国人技高一筹的战术而损失了 16 辆"格兰特"，英国人仍然可以召集 151 辆这种美制装甲车。

在天黑之前，隆美尔对这种新式武器的最可怕担心变成了现实。在整个下午，第十五和第二十一装甲师以大致平行的阵型向北推进，第二十一师在左翼。4 点钟左右，第十五师靠近了加扎拉防线中心后面的英军要塞乃茨布里奇，这时，40 辆"格兰特"装甲车和"马提尔达"重型坦克冲进了该师的尾部。德军纵队承受不了这样的冲击，他们的装甲车一次又一次地挨打，而他们自己的炮弹打在"格兰特"装甲车厚厚的前板上造成不了多少伤害。这次突然袭击使该师的装甲车暴露在他们以前从未见到过的猛烈炮火之下，许多驾驶员慌作一团，疯狂地开着车向南向西逃去。在这次混战中，机械化步兵部队损失惨重，整个师、整个团地被打得一片散乱。连隆美尔的精英参谋作战小组也陷入了混乱。隆美尔的一名副官在日记里写道："这是一次惨败。我们的部队先是左边遭到攻击，然后又是右边。太可怕了。"

"非洲军团"的代理指挥官瓦尔特·内林中将在这次大溃退中发现自己与第 135 高射炮团团长阿尔文·沃尔茨上校跑到了一起。他命令沃尔茨把 88 毫米大炮运来，以抵抗英军的坦克。沃尔茨看了一下四周那些纷乱的卡车和大炮，找到了一些闲置未用的88毫米大炮。他后来说道："我们朝敌军的方向冲去，突然间发现隆美尔就在那边，他的周围全是慌作一团的部队。他愤怒地责骂我，说这一切都怪我的高射炮团，因为我们没有还击。"惊呆的沃尔茨及时地调来一些重型大炮，迎击英军。他后来回忆说："当时敌军的坦克部队步步逼近，离我们只有1500码远了。在这场混战的中心地带，有隆美尔、'非洲军团'的指挥部、团参谋部、信号车——总之，德国作战部队的整个神经中枢都在战斗的最前线。"

　　沃尔茨不敢怠慢一分钟，迅速地调集88毫米大炮，向冲过来的英军装甲车和坦克一阵猛打。"格兰特"装甲车成了很好的靶子；这种高高的装甲车在开炮时不得不露出炮台，因为它的主炮就设在那儿。不一会儿，好几辆英军的重型坦克被击中，冒出了浓烟。但是，英国人又重新组织，发起新的进攻。与此同时，沃尔茨也使他的高射炮团恢复了秩序，拉长了战线。他很快在宽达两英里的前线上部署了16门88毫米大炮。有几辆英军坦克十分勇敢，迎着炮火而上，直逼88毫米大炮的炮口下，打死了炮兵。随着英军大炮的加入，沃尔茨的防线面临崩溃的危险。但就在这时，典型的隆美尔好运出现了——一阵沙尘暴吹来，保护了德军的88毫米大炮和装甲兵。高射炮阵地守住了，英军留下24辆被打坏的坦克也撤退了。

经过这一激烈的战斗，德国人也无计可施，只好往北再推进几英里，然后停下过夜。一些在当天下午侥幸逃脱鬼门关的士兵，包括遭到重创的机械化步兵，利用这一机会庆祝自己的暂时得救。5 月 27 日碰巧是一位名叫保乐威茨的中尉的生日，他是第 104 团的一个连长。他手下的人缴获了一辆装满啤酒和威士忌酒的英军卡车，他们就用这酒祝他健康长寿。机械化步兵的另一位中尉海因茨·施密特是第 115 团第二营的唯一一位幸存下来的军官。在战斗开始前的间隙，施密特打死了一只野羚羊，他一边将羚羊架在汽油点燃的火上烤着，一边去山坡下的小河沟洗衣服，就在这时，英军的坦克攻击了他的营队。施密特躲在一个沟渠里，没有被发现，但他营队中的 350 人只有 30 人逃脱了死亡、受伤或被俘。战斗结束后，施密特从他隐藏的地方爬了出来，回到已经烤好的羊肉边。他后来写道："我仍然能够记得羊肉的油从我嘴角边流下来的那种感觉。活着真好。"

隆美尔在那个星期三的晚上可没有从这种简单的快乐中获得安慰。在危机四伏的装甲师前线附近的流动指挥所里，他正在研判形势：他准备绕过加扎拉防线从它的背后迅速出击的大胆计划已经失败。不但没有驱散英军，他自己的军队反而被驱散了，而且被驱散的各支部队现在都处于被包围的危险中。在艾尔阿德姆附近，英军第四装甲大队自从下午早些时候就已困住了第九十轻型坦克师；它失去了无线电联系并且受到空中打击的威胁。"阿里埃特"师正在贝尔哈凯姆附近休整养伤，而那个据点里的"自由法国人"巡逻队袭击了南翼，切断了隆美尔的供应线。在更远处的北边，隆美尔的装甲部队停在离阿克洛马大约 8 英里的地方。有超过 1/3 的坦克已被击毁，而第十五装甲师实际上已没有汽油了，因为它的供应部队大大滞留于后。隆美尔后来坦言："我不否认，我当时万分地焦急。"

对非洲装甲部队这位焦急的指挥官来说，第二天早晨刚开始就不吉利。隆美尔报告说："黎明刚过，英国的坦克就朝我的指挥所开火。炮弹在我们的四周开花，我们指挥车的挡风玻璃给炸成了碎片。"隆美尔和他的参谋人员安全地撤离到敌军炮火的射程之外，但这一开局奠定了全天的基调。在他的右翼，第九十轻型坦克师在敌军坦克和飞机的持续压力下不得不后退。在他的左翼和后部，形势仍然很险恶。意大利的几支部队无法进行持久的进攻，而他的供应纵队频繁地遭到袭击。只有中线的第二十一装甲师（由乔治·冯·俾斯麦少将率领）还能勉强推进。第十五装甲师白白地等了一天燃料。到了晚上，该师仍然无法行动，这让隆美尔十分焦急，他朝西南方向做了一次冒险行动，以解决供应线的麻烦。第二天黎明时分，即 5 月 29 日，他率领一支满载着汽油的车队赶到了第十五装甲师的营地。

"自由法国人"战士乘坐"布朗式"小型装甲车碾过沙漠中新留下的车辙，他们正从贝尔哈凯姆大胆出击，准备攻击德军的运输车队。这种出击印证了隆美尔一名副官的说法，轴心国军队在 5 月 27 日向贝尔哈凯姆发起的进攻"太轻举妄动了"。

在这次行动中，隆美尔偏爱走在部队最前面的做法取得了很大的收获。但是，这种直接带领部队穿插的做法给指挥带来了很大的麻烦。在频繁的突袭行动中，他有时候甚至会与他的流动指挥所失去联系，从而与他那些分散在四处的地面部队和空军无法联系，而它们的调度派遣全都得靠他的指令。负责协助隆美尔调度空军行动的凯塞林曾写道，5月28日那天，指挥所的混乱"简直难以形容"。

凯塞林对隆美尔的一片耐心在第二天受到进一步考验，当时，他临时代替路德维希·克鲁维尔将军指挥加扎拉防线以西的意大利和德国步兵（克鲁维尔那天上午在一次飞行侦察中被击落，当了俘虏）。这种紧急情况使凯塞林处于一个很奇特的位置。他是一名56岁的陆军元帅，他自己擅长近距离作战的才能使他在加扎拉防线上空执行了近200次飞行侦察任务，但现在要他听命于军衔比他低、年龄比他小的隆美尔，他有些气愤。面对"一个既不发命令又联系不上的司令部"，他发现自己的双手被捆住了。

如果说隆美尔喜欢亲临战场的指挥风格有时候得罪了他的高级官员，那么这种风格通常鼓舞了部队士兵，使他能够很快感觉到前线变幻不定的局势并做出适当的反应。隆美尔的英国对手们在后方的指挥部里无休止地辩论在什么地方以及用什么方式来阻挡轴心国军队的推进，而他本人则在现场即兴指挥。5月29日下午，他的各支部队仍然完好无损，只是供应品紧缺，隆美尔通过大胆改变原计划再一次证明了他的灵活性。他的装甲部队本来呈一个巨大的弧形包围着加扎拉防线，但现在他确定，防止自己的部队被击溃和分解敌军的唯一办法是完成圆形包围。他要暂时放弃进攻托布鲁克，而把他分散的部队集中在加扎拉防线中部的后面，从东至西突破地雷区，从而恢复自己的供应渠道，以巧妙的一击切断了英军的防线。

这一行动的目标首先是加扎拉防线以内的一个地方，在贝尔哈凯姆以北大约 15 英里处。在一片茶碟形的洼地周围，英军的防御工事系统好像有一处宽大的缺口。在这一片地区的较远处，进攻的头一天晚上就走偏路线的意大利"特里埃斯特"师已开始艰苦地进行地雷清理工作，以打开一条通向东边的道路。为了与他们会合，隆美尔派遣了几支小分队于 5 月 30 日早晨向西探路，同时，用 88 毫米大炮和装甲车形成一道保护盾牌，阻挡敌军装甲车从北边和东边压过来。当天下午，有两支英军坦克大队试图闯过这道屏障，但都被击退了。而这时候，德国军队和意大利军队在地雷区会合了。他们的冒险行动产生了两条平行的通道，在洼地的两边，各自相隔大约 6 英里。

隆美尔的部队接下来有了一个惊人的发现。在两边地雷已被清除的洼地中间，蜷缩着一个德国侦察机以前不知为什么没有发现的英军据点。第 150 大队的好几千英国兵在 80 辆"马提尔达"坦克的支持下驻守着据点。据点里的大炮直接瞄准着轴心国部队的两条通道，使任何东西要想运过通道几乎不可能。隆美尔义无反顾地要执行他的新计划，所以他下决心要摧毁这座据点。接下来的几场战斗是在令人窒息的尘土和灼热中进行的，激烈程度使这一地区成了有名的"大锅炉"。

在对英军要塞形成包围圈后，隆美尔于 5 月 31 日早晨命令 3 个师的兵力发起了进攻。隆美尔写道，轴心国部队"遇到了英国人最顽强的抵抗，但还是一寸一寸地向前推进"。当天战斗结束时，被围困的军营里没有任何投降的迹象。

隆美尔的供应形势现在更严峻了，他的副手们在想着无法想象的结局。"非洲军团"参谋长弗里兹·贝耶莱恩上尉回忆说："我们确实处于一个令人绝望的境地，我们的背后是地雷区，我们没有食品，没有水，没有汽油，连军火也只有一点点了。"当一名被俘的英国军官当天晚上向隆美尔抱怨说，战俘们没有足够的水喝，隆美尔回答说："你们跟'非洲军团'将士以及我本人得到的都是同样配额的水——半杯。"这名军官回忆，隆美尔接下去还暗示道，如果到第二天中午之前补给品还不能运来，他将不得不考虑投降——不过他的说法是"索要条件"。

第二天早晨，即 6 月 1 日，隆美尔抖出他的全部家底，向据点里面那些勇敢的人发动猛攻。他的炮队发射了一轮又一轮的炮弹；"斯图卡式"轰炸机从空中呼啸而下；装甲车轰隆隆地开上前去。第 104 步兵团的地雷工兵带领战友们穿过了最后一道地雷防线，该团的第三营首当其冲，进入英军据点。当隆美尔中午时分赶到阵地上与代理营长魏尔纳·莱斯曼上尉协商时，战斗还在进行之中——这个时间是他给自己定的最后时限。

"我想他们已经受够了，莱斯曼！"隆美尔大声喊叫道，"朝他们挥舞白旗，他们会投降的！"莱斯曼半信半疑，但隆美尔挥起了一面白旗，对方马上举起手帕和围巾作为回答。一名英国士兵甚至脱掉衬衣，发疯地挥舞着。炮火渐渐熄了下来，疲惫不堪的守军双手举在空中从散兵坑和战壕里爬了出来。当天，有将近 3000 名英国军人投降。隆美尔通过加扎拉地雷区的生命线现在有了保障。

英国野战军司令里特奇将军的反应令人有些不解。在"大锅炉"一战中，他没有利用机会去袭击那儿的不堪一击的轴心国军队。里特奇深信隆美尔是在撤退，便忙着制订一项宏大的计划在加扎拉防线的边缘地带追赶他。而迟至 6 月 2 日，即英军投降后的第一天，他还给开罗的奥金莱克发电报，说形势"有利于我军，而且日见好转"。

直到 6 月 5 日，里特奇才发动一次较大规模的攻击，想把隆美尔从"大锅炉"赶出去。从黎明前开始，大炮就在不停地轰击，可惜毫无任何伤害地打在空荡荡的沙漠上——因为侦察错误的结果。两支印度步兵大队和一支装甲大队然后从东边进攻，同时，另一支坦克大队从北边靠拢，但是由于协调不好，结果只有大约一半的兵力真正发挥了作用。一名英国指挥官评论道："如果曾经有一次行动类似于把某人的手臂伸进马蜂窝，那就是这次行动。"从"大锅炉"里冲出来的德国装甲车击退了北边的进攻，然后又打败英军东边的进攻。正如隆美尔在报告中得意地说："我军的坦克大炮很快从3个方向攻击英军，他们以自己惯用的方式进行还击，非常顽强，但根本没有什么机动性。"在这一天以及接下来的第二天，英军在"大锅炉"周围损失了200多辆坦克，4000人成了俘虏。

在这批俘虏中，有一个名叫德斯蒙德·扬的准将。当英军炮火轰击战俘队伍和看守士兵时，一名德国军官命令扬带上一名卫兵，打着停火的旗帜去告诉英军炮队停止轰击。扬拒绝了。他们两位站在那儿争论不休，这时，隆美尔驱车过来了，他赞同这名俘虏的做法。扬深受感动，当即向隆美尔表示敬意，来了个漂亮的军礼。8年后，当他给这位传奇敌人写第一部主要传记时，又表达了一番敬意。

把"大锅炉"牢牢控制在手里后，隆美尔挥师南下，攻打贝尔哈凯姆。6月2日，这个位于摇摇欲坠的加扎拉防线南端的坚固据点再一次抗住了大规模的进攻，这次进攻来自第九十轻型坦克师和"特里埃斯特"师的步兵。这个据点一直没有被攻破，证明了它的坚固性无与伦比、它的防守者非同寻常。这个据点是英军整个防御工事中地雷埋得最为密集的地区，估计有 1200 个炮台供机枪和反坦克大炮使用。而且，它的 3600 名将士中有许多都有一股抗击敌人的特别斗志。在洛林的十字招牌下参战的这支部队包括戴高乐将军的许多支持者，他们眼睁睁地看到自己的祖国在 1940 年被占领。将士中还有犹太人和其他因遭受纳粹迫害逃离德国和被占领国的受害者。隆美尔的参谋部中的纳粹宣传官阿尔弗雷德·伯恩特中尉讥讽地把这批人称为"戴高乐分子、流氓暴徒和 20 个不同国家的犯罪分子"。

他们的顽强让隆美尔吃惊。他自己以前就是一名步兵指挥员，他很自豪自己有能力率领部队攻打驻守的据点，他这次要亲自指挥攻打贝尔哈凯姆。他分析在这种多地雷的地区，坦克将不会发挥多大效果，于是他把大批装甲力量留在"大锅炉"，另外带了一些步兵，协同已于 6 月 6 日恢复战斗力的第九十轻型坦克师作战。为了给步兵扫清一条道路，隆美尔的炮兵队射出雨淋般的炮弹，同时德国空军出动几百架次，顶着英国皇家空军的猛烈抗击，轰炸贝尔哈凯姆。3 天过去了，炮击和轰炸几乎没有停顿过，但防守者仍然拒绝放弃。新提升为隆美尔部队行动长官的梅伦廷写道："在沙漠战争的整个过程中，我们从未遇到过一支如此英勇、如此具有抵抗力的防守部队。"

对于陆军元帅凯塞林来说（他重新全权负责加扎拉战役中的德国空军），贝尔哈凯姆围攻战的延长是一件很可怕的事。在仅仅 24 小时里，他就看到他的将近 40 架"斯图卡式"轰炸机被英国皇家空军击落——如果这场战役再打下去的话，这些损失将大大削弱他的实力，使他无法支持将要来临的托布鲁克攻击战或随后的马耳他岛进攻战。6 月 9 日，他请求隆美尔把他的装甲师全部派上前去攻打那个据点。但隆美尔拒绝了这一提议，他认为这样做等于自寻灾难。

最后，在 6 月 10 日，德军开始疯狂地向贝尔哈凯姆施加压力。"又是地狱般的一天，"一名防守士兵在日记里潦草地写道，"9 点飞机轰炸，10 点又一轮轰炸，机枪的嗒嗒声一整天未断过。尸体的恶臭味简直无法忍受，消磨了我们的抵抗力量。"当晚，经过 2 周煎熬折磨的防守者已筋疲力尽，没有水和弹药，另外还遭到一支已渗透到他们北侧的攻击小分队的威胁，只好放弃了战斗。但是，他们的放弃方式与他们的英勇抵抗精神是一致的。利用德军阵线西侧的一处缺口，大约 2700 名守军将士趁着黑夜溜了出来，并与第七师的卡车和救护车大队胜利会师。其他 500 名幸存者，由于大多数伤势太重，无法逃离，第二天早晨投降了。隆美尔很讲信义，他把他们全部按战俘对待，而没有听从希特勒的一项秘密命令，要求把战俘中的德国人"以极端偏见秘密处死"。

贝尔哈凯姆沦陷后，一道战壕里的防护网仍然完好无损，周围是散落在地的弹药箱和其他废弃物。贝尔哈凯姆的一名英军守兵写道："要塞里的许多战壕和护墙倒塌了，把人活活埋在里面。"

攻破加扎拉防线后，隆美尔终于可以回到他原先的目标上。在他 6 月 11 日发布的命令中，他说得言简意赅："托布鲁克。一切为了托布鲁克。"为了扫清挡在他和托布鲁克这个港口之间的剩余障碍，他派遣那几支曾围攻贝尔哈凯姆的部队以扇形运动开向英军在乃茨布里奇和艾尔阿德姆的据点，同时，第二十一装甲师和"阿里埃特"师从"大锅炉"向东转移。作为回应，里特奇撤回了他的左翼，这样一来，被截短的加扎拉防线现在成了一个 L 形状。旧的防线仍然从海边往南延伸大约 20 英里，而新的那一截向东突出，穿过乃茨布里奇和艾尔阿德姆。

经过两周的战斗，双方都筋疲力尽了。隆美尔很

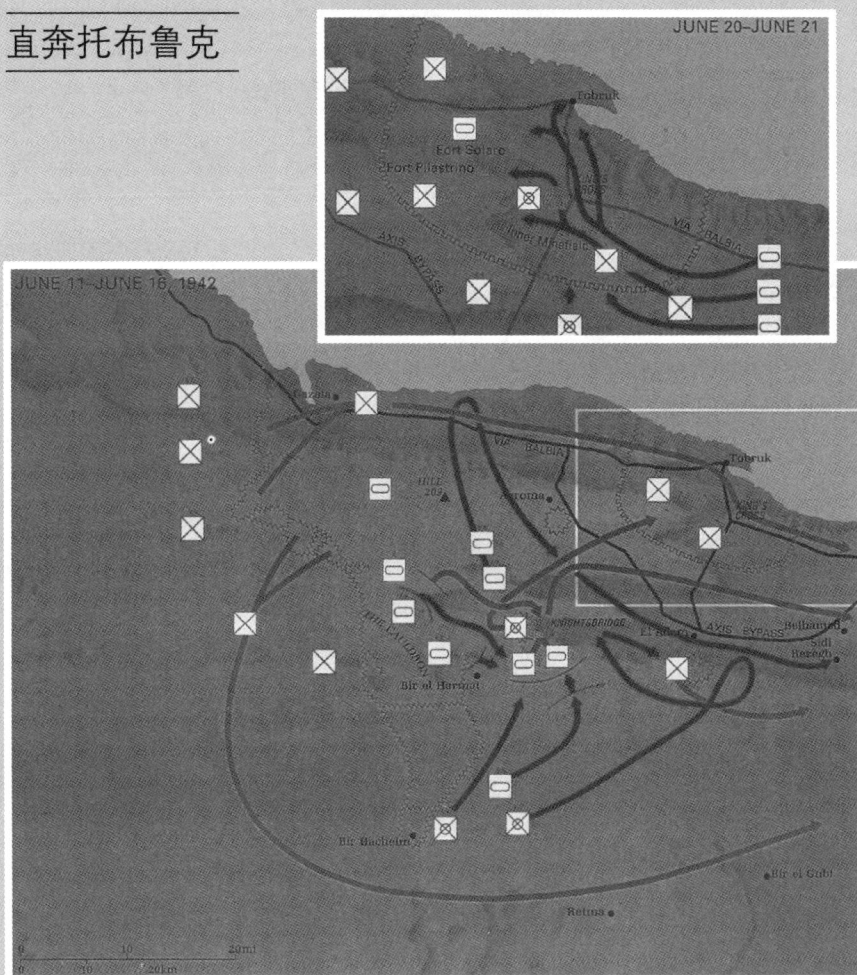

直奔托布鲁克

由于贝尔哈凯姆已于6月10日落入德军之手，英军把自己的南翼收缩到一条自西向东穿过乃茨布里奇和艾尔阿德姆要塞的新防线，准备据守加扎拉。然而，隆美尔的装甲部队很快就撕破了这条新防线，迫使英军于6月13日撤离乃茨布里奇要塞，并在次日引发了英军的全面大撤退。到6月18日，隆美尔的沙漠部队包围了托布鲁克；两天后，他们突破了外围的环形防线（见嵌入的小图），为希特勒的德意志帝国攻下了托布鲁克这座重要港口。

惋惜自己缺乏足够的步兵，这一情况由于在贝尔哈凯姆的惨重损失而进一步恶化。这次战斗使第九十轻型坦克师适于作战的人还剩下不到 1000 人——大致相当于一个团的兵力。英军尽管也有损失，但由于有开罗的增援，他们的坦克仍然比德国人多。但是，英国人的优势也要打点折扣，不仅是因为他们的装甲部队内部缺乏一致性（有多达 5 种不同型号的坦克），还因为各部队之间长期缺乏协调性。在接下来的两天里，隆美尔的装甲师在一系列激烈的对抗战中反复多次地打败英国的坦克大队，使里特奇脆弱的希望化为泡影。

这场残酷的战斗发生在乃茨布里奇据点的周围。由梅塞尔韦将军指挥的英国第二和第四装甲大队（梅塞尔韦曾于 5 月 27 日当过俘虏，但于当晚又逃跑了）直接面对从南边开过来的德国第十五装甲师。6 月 12 日上午，梅塞尔韦离开据点，前去总部与军长简要会谈。然而，在去的路上，梅塞尔韦撞上了他从前的宿敌：德军第九十轻型坦克师的一支巡逻纵队发现了他的汽车，他只好放弃汽车，躲进了一个空的贮水箱，再次避免了被抓的厄运。他躲了好几个小时才赶到总部去报到，当派遣的另一位军官前去负责梅塞尔韦的两个大队时，德军已发起了攻击。第十五装甲师从南边正面进攻，第二十一装甲师突如其来地从西边加入进来。由于侧翼被包抄，加之失去了指挥官，受到打击的英军大队退回到乃茨布里奇以东的一个据点，而使乃茨布里奇据点陷于

没有保护的状态。第二天，即 6 月 13 日，德军装甲师
继续疯狂地包抄乃茨布里奇据点，使已经在那儿顽强地
坚守了两个多星期的驻军没有什么选择，只好趁还有机
会逃走的时候于当晚撤离了那个据点。当乃茨布奇据点
陷落后，里特奇的新防线崩溃了。徒劳无益的坚守使他
丢失了将近 140 辆坦克，只给他剩下了 70 辆，还不到
隆美尔的坦克数量的一半。

6 月 14 日，当他的南部前线彻底崩溃时，里特奇
终于命令撤走从一开始就坚守在防线北部的两个师。他
的这一命令使英军纷纷逃往安全地带，这便是有名的
"加扎拉大逃亡"。其中的英军第五十师发现自己太靠
南边，因而无法通过最佳的向东路线赶到海岸附近的巴
尔比亚。该师师长 W.H. 朗姆斯登少将选择的这条逃
亡路线正是隆美尔原来进攻的路线。当晚，他的部队与
意大利兵正面遭遇，向西追击了几英里后，又急忙向南，
绕过贝尔哈凯姆。在向埃及边境方向撤退的过程中，一
切都很顺利，朗姆斯登在报告中不禁说："我们还在沙
漠里停下来煮茶喝。"

与此同时，在海岸附近，南非的第一师 6 月 14 日
在向巴尔比亚急行军途中可没有喝茶的时间。本来有可
能派来阻挡英军逃亡的德国空军受命前去轰炸一批开往
马耳他岛的英国运送船只。隆美尔催促他的装甲部队向
北急行军一整天，以切断公路和阻拦南非部队。但要靠
近海岸公路，装甲车必须突破英军残余装甲力量的封锁。

这场战斗耗尽了德国人的体力，天黑时他们在快要接近海岸公路的一个地方突然停下来睡觉，尽管隆美尔不断发出紧急命令要他们继续前进。大多数南非人利用这段时间于黎明前到达了安全地带。

经过一夜的休息，恢复了体力的坦克兵们又开始了全速追击，切断海岸公路，一直推进到地中海海边，然后转向东边。6月16日稍晚时分，隆美尔的部队攻下了里特奇损失惨重的防线上的剩余据点——位于托布鲁克以南的艾尔阿德姆。第二天，最后一批英国装甲部队在又损失了32辆坦克后，跟随撤退的步兵穿过边境进入埃及。6月18日，隆美尔从陆地上的三面完成了对托布鲁克的包围。他说："对我们每一个来说，托布鲁克都是英国人抵抗的象征。现在我们要永远地了结这件事情。"

隆美尔在上一年曾花了8个月的时间也未能攻克托布鲁克，现在，这座要塞只是在表面上还类似于往年。它的周围仍然有一道长达30英里的保护屏障，由将近35000名驻军把守着。但是，反坦克沟壑已任其淤塞了，许多地雷已移埋到加扎拉防线上去了。在上一年春季，成功抵抗住隆美尔围攻的部队是一批英勇善战的澳大利亚人，而现在的驻军组成力量主要是未经考验的南非第二师以及在加扎拉战役中已被拖垮的两个步兵大队和一个装甲大队。守军既缺坦克，又缺反坦克大炮。事实上，英国指挥官们很久以前就已决定不再试图抵抗另一次围

攻,但这一决定后来又被否决了,因为丘吉尔下达了最后的训令,一定要"不惜一切代价"守住托布鲁克。

对成功充满信心的隆美尔毅然放弃了他在上一年11月份制订的计划,现在,他又玩起了他很在行的骗人花招。他让他的机动部队朝边境地区开去,好像要把英军赶入埃及似的。然后,为了迷惑英军,他让第九十轻型坦克师继续向海岸城镇巴迪亚推进,同时,马上命

1942 年 6 月 20 日黎明,德军"斯图卡式"轰炸机和大炮开始疯狂地轰炸托布鲁克的环形防线,紧接着不久,德军便突破了防线。图中是德军步兵在突破防线后在沙地上休息。

令装甲部队掉过头来，以破釜沉舟的气势向托布鲁克开进。当他的部队于当晚赶到托布鲁克东南部的战斗地点时，他们找到了上一次埋藏在那儿的炮弹，一颗未丢。在进攻之前，士兵们站在寒冷的沙漠黑夜里瑟瑟发抖，许多老兵还得忍受不愉快的回忆——上一次进攻托布鲁克也是在黑暗的、令人烦恼不已的夜里失败的。

　　6月20日凌晨5点20分整，进攻战在排山倒海的大炮声和空袭声中拉开了序幕。一心想攻克托布鲁克然后好去入侵马耳他岛的凯塞林从北非、西西里岛、希腊和克里特岛集结了150多架轰炸机。一波又一波的空袭，在托布鲁克东南部扔下了将近400吨炸弹，引发了地雷区连锁反应式的爆炸。轰炸进行了一个小时左右后，步兵开始冲上前去。8点30分，隆美尔指挥的第十五和第二十一装甲师的首批125辆坦克轰隆隆地开过了已淤塞起来的防线沟壑。

一门德国大炮正在开炮，连环反应式地引爆了托布鲁克防线周围的地雷，打开了一条通道，使德国部队能够长驱直入，通向地中海滨。

到 9 点钟时，装甲部队就已渗透进入迷宫似的钢筋混凝土碉堡区，这使隆美尔难得一次这么早就宣告取得胜利，尽管战斗不过才刚刚开始。在身边是隆隆枪声和炮火的情况下，他叫来一名战地记者，为德国电台记录下这一宣告。他拖长声音说道："今天，我的部队取得了辉煌的胜利，攻占了托布鲁克。"让隆美尔感到幸运的是，他的部队没有让他白说这番大话。到下午早些时候，德军装甲车已推进 4 英里多的路程，抵达关键的"国王十字"交叉路口，这里大约是防线外围到港口之间的半途。到夜幕降临时，他们有效地控制了托布鲁克。

第二天上午，隆美尔驱车穿过断垣残壁、遍地瓦砾和烟雾刺鼻的阵地，接受南非部队司令 H.B. 克劳伯尔少将的投降。战俘名单上又增加了大约 33000 人。像他在贝尔哈凯姆所做的那样，隆美尔再次坚持公平对待战俘，拒绝了一些南非白人军官的请求，即把他们炮兵部队中的黑人同胞分开关押。

托布鲁克的征服者们惊异地看着降临在他们头上的战利品。这个要塞沦陷得太快了，守军们只来得及毁掉很小一部分补给品，留下了大量的燃料和 2000 辆各种不同类型的机动车——这对于在上个月里损失掉几百辆坦克和无数其他运输工具的轴心国军队来说，是一笔不小的补偿。除了这些硬件外，还有偶然得到的、无以计价的众多物品：香烟、白面粉、听装食品、在中立国葡萄牙购买的德国啤酒、崭新的卡其布制服，以及隆美

在被攻陷的托布鲁克，德国士兵微笑着把车停靠在英国士兵此前经常光顾的一家理发馆的外面。具有黑色幽默感的英国人把这家理发馆称作"斯温尼·托德"（斯温尼·托德是一名传说中的伦敦理发师，据说他经常割破顾客的喉咙）。

尔的部下非常羡慕的沙漠靴。一名意大利工程兵回忆说："鞋，漂亮极了的鞋，就像我们偶尔看到的一些战俘脚上穿的那种鞋——绒面革做的，有着厚实的橡胶底，穿起来柔软、美观。"

连苦行者隆美尔也被托布鲁克餐桌上突然出现的丰盛美食吸引住了；他在两年后还在谈论这些东西。但是，在攻下这座沙漠港口后，有一件事更让隆美尔难以忘怀。在那天接受英军投降仪式后，这位将近一个月来一直住在指挥车里的筋疲力尽的指挥官很早就上床睡觉了，结果是他的参谋部成员们激动地把他唤醒。他们在晚上的广播里刚刚听到来自柏林的消息：充满感激之情的元首已把隆美尔提升为陆军元帅——才 50 岁的他成了德国有史以来最年轻的陆军元帅。他写信告诉他的妻子，光荣晋升的消息"像梦一样到来"。在与他的副官们享受了这美妙的一刻后，隆美尔又回到床上睡觉了。他在加扎拉的冒险已使他获得了大多数将军会心满意足的桂冠。但是，这个"沙漠之狐"第二天早晨 6 点就起床了，他把眼光转向了埃及。

一处令人痛苦的战场

　　白天，沙漠里十分炎热，摸一下被太阳烤得火辣辣的金属车辆就有可能造成严重的灼伤。夜晚，气温骤然下降，正如一名士兵所描述的："即使盖上 3 床毯子，一个人还是冷得像赤身裸体的滑雪教练一样。"气候的强烈反差仅仅是沙漠给"非洲军团"带来的部分痛苦；好像上天故意跟他们作对似的，军队的供应问题一直困扰着隆美尔的部队，使他们的生活简直糟糕透了。

　　细小的沙粒是最常见的自然天敌。一名德国兵在写给家人的信中这样说："我们碰到的沙粒比头上的头发还多。"沙粒无孔不入，钻进鼻孔，钻进伤口，影响伤口痊愈。一旦有南风刮起，沙粒会形成沙暴（阿拉伯人称其为"吉布利"），这沙暴如此疯狂厉害，以致贝都因人的法律会原谅一名经受 5 天沙暴后杀死自己妻子的丈夫。武器里灌满了沙子，发动机发动不起来，部队所依靠的食品、水和衣服的供应线瘫痪得无法动弹。一名在战场上待了一年多的士兵在日记里可能有些夸张地写道："我上一次看到自己的双脚时，我还在布林迪西。没有袜子可换，所以，我何必要脱下袜子？反正我还得穿上同样的袜子。"

　　各种害虫给人增添了恐惧。一旦被头部隆起的蝰蛇咬了，必须马上扎紧伤口，然后切开排除毒素。当被黄蝎子（经常蜷缩在靴子里）咬了，也需要进行同样的治疗方式。蓄水箱里有水蛭。另外，一种像扁虱的沙漠跳蚤非常小，肉眼几乎看不见，当它跳到人身上时，它会钻进皮肤里吸血，直吸到把肚皮胀得像一个圆鼓鼓的小球似的。一名德国军官记录道："许多人不得不送回家，因为沙漠跳蚤把他们逼得快要神经错乱了。"

　　最大的问题是水——或者说，是水的缺乏。大多数部队全靠汽车运水，所以水是严格限量的——通常每人每天 3 夸脱水。连隆美尔都在抱怨水的稀少。他承认："一个人口渴了，是难以止住的。"

一名经验老到的"非洲军团"战士把自己包裹得像木乃伊似的，这样做是为了保护自己的脸部和眼睛免遭沙粒的吹打。

限量的食品
和住处

　　德国人缺乏在沙漠中作战的经验，像左图这种野外炉子充分说明了这一点。这种炉子烧的是木材，而木材需要从意大利一路远道地运到这没有一棵树木的沙漠战场。大多数食品也是来自意大利。因为白面包和白土豆在运输途中容易变质，所以部队收到的都是些豆科植物干制品和用蜡纸包裹起来的烤得焦黄的面包。偶尔，士兵们会射中一只沙漠羚羊（左上图）或其他野物，借此可以变换一下长期乏味的食谱。另外，定期限量配送的维生素片可以帮助补充所缺乏的新鲜水果和蔬菜。搭着帐篷的战壕（上图）可以给夜间提供一点暖意，但在白天热得让人受不了。一名德国兵写道，这种住处"对孵化鸡蛋才有真正用处"。

渴得要命的战士

从海边海水脱盐厂运来的或从沙漠井中汲取的珍贵淡水被储存在配送站（上图），然后装在金属桶里用卡车运到前线（右图）。这种上面绘有白色十字的金属桶一般只用来装水，但由于混装，这种水经常有汽油味。不过，这也是受欢迎的。通常，士兵们没有多余的水来洗衣服，于是便用沙子来擦净衣服（左图）。但是，拉尔夫·林格勒中尉回忆说，他在10天里才收到一桶水，"首先，我尽情地畅饮了一番，然后，我洗了一把脸——真是美妙极了！"在刮完胡子洗完澡后，林格勒只剩下一夸脱多一点的水了。"把它扔掉？那可不行！我用这点水先洗手巾，然后洗衬衣，最后把皱巴巴的脏袜子泡在这黑汤似的水里。多么美好的一天！我做完这一切后，感觉就像一个获得再生的人。"

忍受沙漠中的飓风

一场遮天蔽日、肆意横扫的"吉布利"（沙暴）困住了一支德军巡逻队。除了从这场沙漠飓风中求得生存外，一切战斗均已停止。

4. 在阿拉曼的决定性日子

1942 年 6 月 21 日，德国国防部新任命的陆军元帅埃尔温·隆美尔发布了一条让士兵激动的命令："现在，我们要彻底消灭敌人。"他又进一步祝贺他的部下们取得了托布鲁克大捷，并发誓他的沙漠装甲部队将不会停息，"直到我们击溃英国第八军的最后残余力量。在未来的日子里，我将号召你们做出更大的努力，使我们大家共同实现这最后的目标"。

然而，在开始这一努力之前，隆美尔首先得与他的上司们进行辩论，力争改变原来的计划。在 4 月下旬制订的原计划要求非洲装甲部队在跨过边界进入埃及之前先停顿下来，这样德国空军可以从沙漠战斗中抽出身来，去支持对马耳他岛的空中打击。德国在 4 月份的一系列空袭已使该岛基本就范，但空袭一旦停止，驻扎在那儿的英国皇家空军和皇家海军又很快恢复活力。从马耳他岛基地上起飞的皇家空军小分队又重新击沉运载补给品给隆美尔部队的船只，使轴心国部队再次面临随之造成的汽油和弹药短缺的问题。陆军元帅阿尔伯特·凯塞林在隆美尔的名义上司埃托·巴斯蒂柯元帅的支持下，敦促隆美尔停止追击第八军，以便德军按原计划攻占马耳他岛。

1942 年 7 月，德国步兵艰难地向阿拉曼挺进，在那里，掘壕坚守的英军阻止了他们的前进。由于受到围困和缺乏燃油，隆美尔的沙漠部队不战自败，按一名军官的话说，他们"已被这场可怕的静态战拖得筋疲力尽了"。

隆美尔一心想抓住眼前这一令人目眩的大好时机，所以根本不听。他坚持认为，对马耳他的进攻应该往后拖一拖，这样德国空军就可以支持他打到苏伊士运河；他争论道，任何延误都会给英国人时间来重振实力。凯塞林同样坚持己见，支持他的有意大利指挥部和德国海军官员。争论进行得非常热烈，两位指挥官都拒不让步。隆美尔使出他的王牌，他派遣一名副官前去柏林找希特勒求援——结果成功了。（凯塞林后来抱怨说，隆美尔对希特勒有着"几乎催眠的影响作用"。）元首用电文把他的决定传达给了墨索里尼，并补充说："胜利女神一生中只笑一次。"

6 月 23 日晚上，轴心国进攻先头部队的坦克和卡

上图是由钢筋水泥障碍物和埋藏的地雷构成的一道坦克陷阱，保护着英军在梅尔莎 - 马特鲁的军事要塞。为了避开这种陷阱，隆美尔的部队从侧翼突破英军防线，于 6 月 29 日扯下了梅尔莎 - 马特鲁的英国国旗（右图）。

车轰隆隆地开过边界进入埃及。隆美尔当晚给他的妻子写信说："我们已经行动了，希望很快能实现下一个宏伟目标。现在的主要问题是速度。"两天后，先头部队抵达了海滨城镇梅尔莎－马特鲁的防区。德国人的速度太快了，他们很快就用光了供应物资。第二十一装甲师的坦克通过用虹吸管抽干供应车的燃料才得以保持前进，但却使供应车陷入了困境。装甲车最终也不得不停下，遭受英国沙漠空军的狂轰滥炸。克劳德·奥金莱克将军现在直接接管了第八军的指挥权，他把英国和英联邦国家军队部署在一条战线上，这条战线从地中海边的梅尔莎－马特鲁向西南方向延伸了 20 英里，一直到一个名叫西迪哈姆扎的悬崖边。英军阵地的前面布置了成千上万的地雷。

尽管隆美尔的军队在人数和坦克两个方面都占有优势，但他依靠的仍然是他一贯运用得很好的战术——速度、机动性和突然袭击。不幸的是，这种速度意味着实力不济的德国空军无法在沙漠里快速地建起前沿基地，以提供有效的空中掩护。即便是这样

（另外，对这次英军的部署情况只知道那么可怜的一点点），隆美尔还是于 6 月 26 日下午发起了攻击。他的第二十一装甲师和第九十轻型坦克师进攻英军防线的中部，他们惊奇地发现，他们击中的正是防守者的弱点。

奥金莱克以为隆美尔会进攻他的两翼，努力形成包围圈，切断同盟国的军队。所以，这位英国将军把他的大多数兵力部署在防线的两端。在北边，他布置了印度第十军，由英国第五十师和印度第十师组成。在南边，即悬崖边，驻扎着第十三军的两个师：他的机动部队第一装甲师和安插在它后边的新西兰第二师。第七装甲师的两个大队也协同防守。在这两个师之间的大约 10 英里的地带，地雷较少，由分散的步兵和炮兵混合据点把守着。

进攻中的德国军队一路横扫挡在他们面前的小股分队，直插英军的腹地。第九十轻型坦克师向北攻击海岸公路，第二十一装甲师则朝东南方推进。隆美尔第二天亲自率领第二十一装甲师从北边包抄新西兰第二师和第一装甲师，然后从后面发起进攻。与此同时，隆美尔南翼的第十五装甲师冲进了英军第一装甲师的正面。隆美尔的大胆再一次得到了回报，只有 23 辆坦克和 600 人的第二十一装甲师却要攻打一支力量强大得多的敌军——仅英国的第一装甲师就有 159 辆坦克。如果这些坦克协助新西兰部队发动进攻，那么德军第二十一装甲师就有可能全军覆没。尽管英军已阻挡住第十五装甲师的前进，但英军指挥官们在面临德军的闪电式攻击时显得很紧张。由于担心第十三军有可能被切断，W.H.E.戈特将军命令撤退。

在激烈的短兵相接的战斗中，新西兰部队突破了第二十一装甲师的阵线，与向东撤退的英军第一装甲师会合。第二十一装甲师转向东北，朝梅尔莎－马特鲁东南40英里的一个村庄富卡进发。这支部队切断了海岸公路，攻占了该村庄西南部的高地。

与此同时，在北边，德军第九十轻型坦克师抵达了格罗拉附近的海岸公路（在梅尔莎－马特鲁的东边），切断了英军右翼第十军的撤退路线。第九十轻型坦克师准备猛攻格罗拉城及其防守阵地，这里的大多数英军已被切断。但是，在6月28日晚上的一场疯狂混战中，英国人突围出来，有一次甚至冲进了隆美尔的流动指挥所。德军参谋部高级军官们迅速抓起冲锋枪扫射，使英军步兵们在帐篷之间乱成一团，只顾逃窜。隆美尔写道："你无法想象当时有多混乱。漆黑一片，伸手不见五指。"

6月29日早晨，第九十轻型坦克师进入梅尔莎－马特鲁城，标志着隆美尔的军队在两周内取得了第二次重大胜利。当时，所有没被抓获的敌军士兵都在仓皇向东逃窜。德国人抓获了8000名俘虏，还缴获了大量的武器和供给品。隆美尔给家人写信说："现在，梅尔莎－马特鲁战役也已取得胜利，我们的先头部队离亚历山大只有125英里了。我想，最糟糕的日子已远远抛在了我

在攻占梅尔莎－马特鲁后，墨索里尼检阅意大利部队。由于不满德国人试图篡取这场沙漠战争的所有荣誉，这位意大利独裁者于6月下旬飞到前线，分享预计会到来的攻下亚历山大港的胜利果实。

们身后。"

　　然而，连续几周的激烈拼战已让隆美尔手下的许多士兵筋疲力尽。他们渴望"在海里游游泳，然后好好睡个够"，但隆美尔不允许停歇。他坚信，在英军获得新的部队和新的武器装备之前击败他们，是非常重要的。他仍然有信心。在他的部队占领梅尔莎－马特鲁的那一天，他命令乔治·布里尔上尉率领的第 606 高射炮分队组成一支战斗小组开向亚力山大，一直要到了郊区时才能停下。他告诉布里尔："等我明天赶到时，我们一起到开罗去喝咖啡。"布里尔服从地向前开去，一路没有遭遇到多大的抵抗，到 6 月 30 日时，他的小组离亚历山大只有 50 英里了，靠近一个名叫阿拉曼的小村。

　　在即将征服埃及之际，墨索里尼飞到了北非，他要领导这次胜利进军亚历山大。住在埃及的许多普通英国人都对前景抱着最坏的打算。记者阿兰·穆尔赫德看到好几十个英国人在英国领事馆门前排队，等候办理去巴勒斯坦的签证。他写道："开往巴勒斯坦的火车上挤满了人。英国大使馆上空笼罩着一层薄薄的烟雾，在那儿，大量的秘密文件正在被烧毁。"烟雾变得越来越浓，第八军的士兵们后来把这一天戏称为"圣灰星期三"。英国舰队驶离亚力山大港，转移到了塞得港和海法港。

　　奥金莱克将军在阿拉曼停止了撤退，英国部队事先在这里构筑了工事。这道防守线有 40 英里长，由一系列被英国人称为"盒子"的据点组成——错综复杂的

德国兵坐在一辆指挥车上，正驶在"卡塔拉谷地"（背景图）的一条崎岖不平的路上。隆美尔称这块荒凉的盆地"景色奇异壮观"，不过，这儿的细软沙粒使机动车辆很难通过，阻止了德国人进行他们通常所擅长的侧翼包围行动。

地雷区由铁丝网圈着，还有钢筋水泥做的碉堡、防空洞和土木工事。这道防线从蔚蓝色的地中海向南延伸到一排嶙峋的山边，这里是卡塔拉谷地的边缘地带，在海平面 700 英尺以下，重型车辆根本无法通过。阿拉曼防线不可能从侧翼包抄。隆美尔将不得不从中间穿过。

当其余的军队赶上布里尔的小组后，隆美尔准备用他在梅尔莎－马特鲁取得成功的那套计划来进行一次新的进攻：第九十轻型坦克师在意大利第十三军的支持下，直插英军在阿拉曼以南的第三十军的防线，然后转向北边，切断海岸公路，封锁英军的撤退路线。

在较远处的南边，德国"非洲军团"和意大利第二十军攻击由英国第十三军据守的防线中部，并且扰乱它的后方。在德国侦察部队的支持下，"利托里奥"师将迷惑英军，佯攻南边。

进攻在 7 月 1 日凌晨的一片黑暗中开始。在这里跟在梅尔莎 - 马特鲁一样，如果侦察不够细心，就发现不了英军的据点。第九十轻型坦克师想包围阿拉曼据点的南边，即英军防线朝海的那一端，但不知不觉中却闯进了据点的防守区，结果整个上午困在那儿动弹不得。下午，乘着一阵沙暴的掩护，该师刚要继续行动，立即遭到南非 3 个大队炮火的猛烈轰击，永远被困在了那儿。跟随着第九十轻型坦克师的隆美尔，在炮轰期间不得不在露天里躺了两个小时。第九十轻型坦克师损兵折将，只剩下 58 名军官和 1270 名士兵，而这些幸存者所能做的事就是挖掘掩体隐藏起来。

与此同时，在较远处南边展开进攻的第十五和第二十一装甲师在德尔设恩据点遭遇了未曾预料到的英勇抵抗，经过残酷的战斗，毫无作战经验的印度第十八大队全军覆没。但是，在交战过程中，德国坦克遭到英国皇家空军的重创，然后又遭到英国反坦克大炮逐个地瞄准点射。当天结束时，57 辆装甲车中有 18 辆被彻底击毁。

隆美尔知道，他的部队已失去了强劲的势头，不过，他还是决定继续压进。第二天，他命令装甲部队重新发起进攻。他们的目标是抢占鲁威萨特山梁，这是沙漠中耸起的一片长达两英里的高地，就在德尔设恩防线的东边。在英军第一装甲大队的坦克和大炮面前，德军的两

在通向埃及的门户边激战

1942年7月1日，隆美尔试图突破英军在阿拉曼的防线。第九十轻型坦克师(深色线)从左边挺进，但遭到在海岸附近掘壕据守的南非部队 (浅色线) 的顽强抵抗，所以进展非常缓慢。在南边，第十五和第二十一装甲师(德国的"非洲军团"部队)虽然在德尔设恩击溃了印度第十八大队，但在整个过程中由于敌军空中轰炸和地面炮火的打击，损失惨重。第二天，隆美尔命令他的伤痕累累的装甲师继续推进，试图把英军从鲁威萨特山梁赶走，但未成功。在较远处的北边，意大利的"阿里埃特"师也试图进行一次突破，但被彻底击退了。7月3日，德军再次发动进攻，但毫无进展，却使隆美尔的伤亡数字陡增。当天晚上，他只好停止了进攻。

支装甲师没有取得多大进展，甚至还遭到了反攻，只是英军反过来又遭到"非洲军团"88毫米大炮的打击。在南边，"阿里埃特"师试图推进，但受到阻止，结果变成了一次意大利人的大溃败。7月3日，战斗仍然在进行，但很明显，进攻者不再打算突破了。英军的空中掩护控制着战场。隆美尔在打一场他无法得胜的消耗战，他的兵员和补给品都快要给耗尽了。夜幕降临时，他指示部队原地掘壕固守，然后给凯塞林发电文，说他已暂停了进攻。

开始于5月26日、已使非洲装甲部队胜利在望的这次进攻战，最后停顿了下来。有那么一会儿，隆美尔好像已把埃及抓在了手中，但那一时刻现在已成过去。他在7月4日写给家人的信中说："目前的形势不是我所希望的。抵抗太顽强了，我军被拖得筋疲力尽。"

假如英国人在那个时刻发起一次强大的反攻，那么这次沙漠战争有可能就在彼时彼地结束了。"毫无疑问，我们已没有力量能顶住第八军的一次顽强攻击。"隆美尔的参谋官梅伦廷少校后来这样写道。奥金莱克选择的是暂停和重组，这样给了"非洲军团"一些时间来休息和补充新兵员及补给品，有些是从的黎波里穿过沙漠长途跋涉1200英里运来的。双方现在沿着一条静止不动的前线面对面地对峙着，这种作战方式是隆美尔极度厌恶的，但他的装备更优良的对手却很喜欢。好在德国的"斯图卡式"轰炸机重又出现在同盟国军队的上空，

这给德军的士气注入了一点活力。

当隆美尔获悉英国人已放弃了防线南边的卡雷特拉布德据点时，暂停的状态结束了。7月9日，他派遣第二十一装甲师和意大利"利托里奥"师占领了这一地区。英国人令人不解地撤出了这一重要地区，这给了隆美尔一次新的机会，直捣他认为已快崩溃的英军后方。然而，第二天黎明时分，当英军的大炮开始向前线的靠海那一端轰击时，一切神秘顿时明朗起来。

奥金莱克将军已把主力部队转移到北边，希望先击败那儿的相对较弱的意大利军队。在接下来的同盟军进攻中，澳大利亚第九师的老兵们从阿拉曼附近的掩体里一窝蜂似地冲了出来。他们向西攻击，战胜了意大利

在阿拉曼的一次阻挡隆美尔进攻的反穿插行动中，苏格兰步兵在坦克的掩护下向前挺进。当英军未能利用优势扩大战果时，一名军官抱怨说："第八军的态度只是把一只脚放在了马镫上，没有一战到底的决心。"

的"萨布拉塔"师，沿着海岸公路一直把这支部队追到了特勒艾莎高地，并且还攻占了这块高地。疯狂逃命的意大利士兵慌作一团，跑进了前线后面几英里的德军指挥所，梅伦廷把这一情景描述为"最后的恐慌和溃退"。澳大利亚人的进攻还使隆美尔丧失了他最关键的情报部门——在监听同盟军通信信息方面一直取得卓越成功的"信号窃听部"。该部的领导和大多数部下都已阵亡，他们的密码本及其他设备也被毁了。

梅伦廷担心盟军会突破。隆美尔当时不在，他已随装甲部队去了南边。梅伦廷用指挥所官兵和附近一些炮兵拼凑成一道粗糙简单的防线。对这些德国人来说，很幸运的是，一支新增援的步兵师（第 164 非洲轻型坦克师）的先头部队从克里特岛及时赶来，帮助他们挡住了澳大利亚人的进攻。同时，隆美尔急匆匆地赶到北边的指挥所，命令装甲部队随行。澳大利亚人第二天再次发起攻击，在海岸公路以南击败了意大利的另一个师——"特里埃斯特"师。隆美尔越来越担心他的意大利部队，他们将近占了他军队的一半。他写道："我们被迫得出这样的结论，即意大利人再也不能守住他们的防线了。"

隆美尔一如既往地想要主动出击，他决定派遣第二十一装甲师直接进攻阿拉曼据点。他计划采用"闪电式"推进，利用"我们能够集结到的每一门大炮和每一架飞机"，大胆出击，如果能成功的话，将大大削弱澳在 7 月份的战斗中，一架德国"斯图卡式"轰炸机被地面炮火击中，冒着火焰栽在埃及的边境附近。沙漠战争到了这一阶段，在数量上占有优势的德国空军已失去了制空权。

大利亚军队的锐气。7月13日早晨，德国的"斯图卡式"轰炸机向南非部队控制的据点发动猛烈的攻击，同时，轴心国的大炮猛轰同盟国的阵线。但是，当德军步兵在大炮的浓烟掩护下冲出去准备靠近外围的铁丝网时，遭到英军炮火的阻挡；步兵部署的位置太靠后了，无法快速利用"斯图卡式"轰炸机带来的有利时机。

第二天，隆美尔又发起进攻，意图仍然是一样的——切断澳大利亚军队在特勒艾莎的突出部，抵达海边。但是，空中打击之后，地面部队再次行动缓慢，顽强无比的澳大利亚步兵在大炮的配合下把德军步兵打得退了回去。

在接下来的几天里，战斗的势头在同盟国军队和轴心国军队之间来回转换，一会儿是冲锋，一会儿又是阻击。7月15日，奥金莱克把他的注意力转向防线的中部，即鲁威萨特山梁，希望再次利用隆美尔的最弱点——意大利军队。新西兰第二师和印度第五大队以势不可当的力量攻入意大利的"布雷西亚"师和"帕维亚"师，控制了山梁的一部分，威胁着轴心国军队的尾部。但是，第十五装甲师第八装甲团的一支部队未被察觉就穿过了盟军的防线，当晚发动了一次反攻，抓获了1200名俘虏，在一定程度上抵消了意大利军队损失的2000名俘虏。澳大利亚军队从他们在海边的突出部发起攻击，于7月16日和17日再次重创了意大利军队。后来，"非洲军团"的大规模炮轰才挡住了咄咄逼人的

敌军进攻。隆美尔被迫把德国军队与意大利军队紧紧捆在一起，以加强抵抗的力量。

7月17日，凯塞林和意大利司令乌果·卡瓦勒罗陆军元帅一同来到隆美尔的指挥所，这使"沙漠之狐"再一次有机会请求补给品，尤其是他迫切需要的汽油。这次激烈争吵的会议结束时，卡瓦勒罗答应提供帮助，不过，根据以往与意大利人打交道的经验，隆美尔知道这并不可靠。在他写给家里的许多信中，开始流露出灰心丧气、甚至绝望的心情。他当天晚上写道："敌军正用优势兵力一个一个地消灭意大利的编队，而德国编队

英国皇家空军的一架战斗机击中了托布鲁克至艾尔达巴铁路线上的一辆敌军火车。隆美尔对这条原来由英国人修建的铁路本来抱有"极大的希望"，认为这会缓解他的供应紧张的问题，但是，由于可以供应的储备品本身短缺，加之英国皇家空军的高度警戒，这条铁路线实际上几乎无用。

太虚弱，无法单独承受。这足以让人怆然泪下。"一天后，他又写道："有可能会有援助，但我们是否能活着见到援助的到来，值得怀疑。"墨索里尼本以为会成功打入亚历山大，但现在这一计划要无限期地往后推延了，他只好放弃等待，回到意大利。

7月21日，暂停了4天的战斗又打响了，奥金莱克再次攻击前线的中部。当天晚上，一波又一波的新西兰步兵和印度步兵渗透进了轴心国在鲁威萨特山梁的防线，然后等待装甲车的支援，但始终未等来。接下来，德军进行了成功的反攻，新西兰步兵首当其冲地成了受害者，损失了1000多人和25门大炮。从英国新派来的英军第二十三装甲大队奉命前去，在敌军的中间插入一

一名英国士兵正在查看一辆轴心国供应车的残骸。这辆供应车是在空中和地面炮火协同作战中被击中的——1942年夏季，英军多次运用这种战术，狠狠打击了"非洲军团"的装甲部队。隆美尔的军事行动长官曾警告说，在保证前线部队供应的竞争方面，"我们的敌人获得了决定性的领先地位"。

把楔子，但由于通讯上的混乱走错了地方。结果，这些可怜的新来者陷入了地雷区，遭到德军反坦克炮火的袭击。接着，第二十一装甲师发起了猛烈的反攻，彻底解决了这支大队。隆美尔的进攻战失败了，但却在防守战中取得了胜利；那天，德军抓获了1400多名俘虏，摧毁了大约100辆英军坦克。

7月26日，奥金莱克又试了一次，但结果同样很凄惨。澳大利亚军队向南进攻，突破了德军的防线，但由于坦克的支持力量再一次不能及时出现而退了回来。这一次，英军装甲部队指挥官不愿意出动坦克，是因为他认为步兵在地雷区清除的缺口还不够宽。英国步兵孤军向前，结果当然被击败了。同盟国军队又损失了1000多人和40辆坦克。隆美尔的情绪渐渐好转起来。他给家人写信说："我们最糟糕的麻烦正在逐渐消除。"

在7月份的这次拉锯战中，第八军的伤亡人数已达13000人。德军的损失也很惨重，隆美尔不能再承受更大的损失。然而，现在不想再战的是奥金莱克，他在给伦敦上司们的一份战况报告中说，他"很不情愿地得出这样的结论"，继续对德国装甲部队采取进攻在目前是不可行的。他需要新的、接受过更好训练的兵员。他估计，他的军队要在9月中旬才能再次做好准备。

在接到奥金莱克这份令人伤感的报告之后3天，丘吉尔飞到了开罗。这位将军已经成功地挡住了隆美尔的进攻，但对丘吉尔来说，这是不够的。英军在沙漠中的一连串败仗已使英国公众的士气受到打击，甚至威胁着丘吉尔的政治前途。托布鲁克失陷后，首相在下议院里已经遭到不信任投票。他轻松获胜，但北非沙漠里的形势仍然十分危险。丘吉尔以及整个英国需要一次胜利，但奥金莱克好像已不再是能够提供这样一次胜利的人。此外，丘吉尔在上层也做了一些变动。他任命哈罗德·亚历山大将军为中东地区总司令，W.H.E.戈特将军为第八军军长。然而，戈特未能到达前线。当他的运输车于8月7日向开罗进发时，德国战斗机击中了他的车，这位将军在帮助营救伤员时中弹身亡。因此，第八军的指挥权转到了一个相对来说不太有名的将军手里——伯纳德·劳·蒙哥马利中将。尽管蒙哥马利已被内定为入

8月中旬，头戴遮阳帽的丘吉尔首相飞往埃及，与几位英军高级指挥官会谈：（左起）中东地区总司令哈罗德·亚力山大将军，第八军军长伯纳德·蒙哥马利将军，帝国总参谋长阿兰·布鲁克将军。

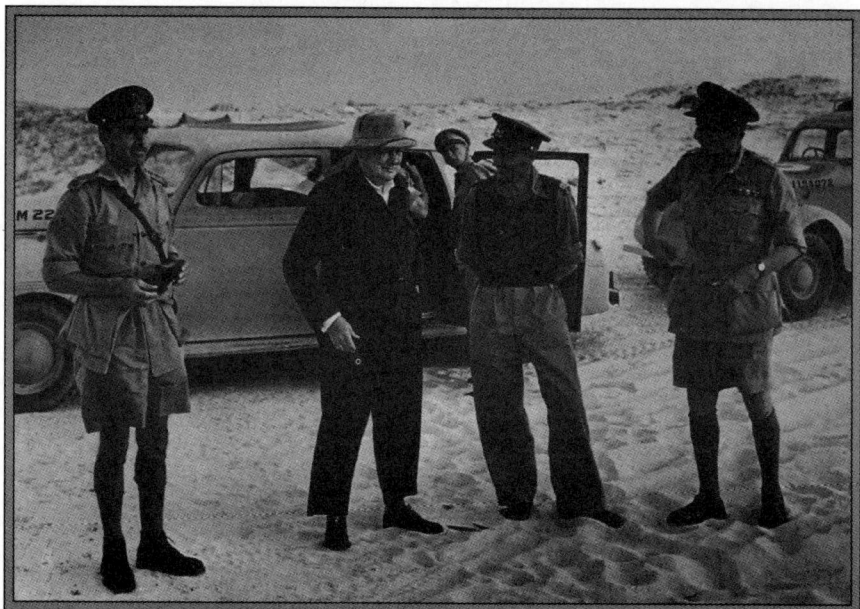

侵突尼斯计划的高级指挥，但他最近的任务是在英国本
土担任训练指挥。

蒙哥马利发誓不再让英军撤退，一定要守住阿拉
曼防线，并且在情况好的时候准备发起进攻。丘吉尔告
诉他,他的"最要紧的职责"是消灭或俘获隆美尔的军队。
同时，对于双方都已筋疲力尽的部队来说，8月是一个
受人欢迎的月份，又有长达一个月的休战期。双方的部
队在到处都是地雷的灼热沙漠里相互对视着。作战部队
在忙着重新组合编队。但是从一开始，德军就输了。现
在回头再看，凯塞林是对的，隆美尔是错的，当时他俩
争论是否要在6月份入侵马耳他岛。基地设在马耳他岛
的英国皇家空军轰炸机和英国战舰毫不留情地轰炸轴心
国的供应船只，而且他们的命中率在不断提高：6月份
击沉了6艘轴心国船只，7月份7艘，8月份12艘。大
量珍贵的油料和军火随之沉到了海底。在沿非洲海岸进
行的供应战中，德国人也在输。英国皇家空军对在德军
控制的港口和轴心国部队前线之间运载货物的汽车和轮
船实施不断的轰炸；有一天就击沉了3艘海岸运输船。

隆美尔对随之造成的供应短缺感到十分恼火。8月
初，抵达他部队的供应品几乎还不够日常所需。新来的
部队没有车辆，这给本来已经超负荷的运输大队带来了
更大的压力。为了节省军火，隆美尔被迫禁止部下乱开
枪。他抱怨说，意大利的后方部队装备充足，许多卡
车和大炮放在意大利的兵站仓库里积满了灰尘，而前

使军队保持作战能力的人

坦克和其他机动车辆不断遭受损失，武器的替换供应又一直跟不上，但"非洲军团"仍然保持了作战能力，这要归因于它的机动维修队的努力。修理工们通常把修理店设在靠近前线的地点，往往是在战斗还在进行之中就冒险冲上前去把打坏的坦克运回来修理。

对于现场修理，机械工们、电工们、金属加工工人们以及其他专家们都表现出高超的技能。他们利用从德国设备甚至从缴获来的英国设备上拆下的零部件，能够把那些被炮弹打得散落一地的机动车辆恢复原样。他们顶着华氏120度的高温，冒着炮火，拆开发动机，修理变速器，重新调试电子系统，甚至在必要的时候，用便携式车床磨削出新的零部件。

英军的维修设施设在大后方。因此，英军在沙漠中损坏的装甲车辆通常就被报废了。与之形成对照的是，大批修复的德军机动车辆可以回到战场作战。这种内部的恢复供给事实上正是隆美尔在困境中的王牌，使他有限的沙漠作战能力能够继续支撑下去。

在德军装甲师的一个前线修理店，机械工们正在用一根便携式软绳把发动机从一辆被打坏的侦察车里提升起来。

脱光上身衣服的一名德军机械工正把一块新的金属片嵌入一个修复好的钢板弹簧里。

维修队的一名工兵正在发动引擎，检测一辆救护车的修理情况。另外两名工兵坐在挡护板上听着，以判定修复的引擎声音是否正常。

一名电工正在给蓄电池里注入蒸馏水，与此同时，他的同伴正在一个临时供应站的外面修理一辆摩托车。沙漠里的温度热得令人可怕，机修工们把备用轮胎埋在相对较为凉爽的沙里，以防止轮胎辋圈变形。

一个维修小组就在前线阵地上利用一辆装备着吊杆式起重机的大型卡车把一个修好的炮架安装在一辆装甲侦察车上。

线的轴心国部队却缺这少那。8 月中旬，他给柏林报告说，他的装甲部队缺少 50% 的装备，反坦克大炮缺少40%，炮弹缺乏 30%，作战人员还需 25%——16000 人。

隆美尔和德国最高统帅部的其他军官都怀疑，同盟国在精确轰炸和击沉轴心国船只方面取得的非凡成功不仅仅是运气好。战后的解密表明他们的怀疑是对的。皇家海军的"超越"解码技术和本地信息截获手段再一次使英国舰队能够找到轴心国运输船只的准确位置。有一种说法，说是意大利海军高级军官中有一批人由于支持同盟国的事业，定期向英国情报部门传递情报，指明轴心国在地中海上的运输船只的航行时间和路线。

尽管如此，还是有数目大得惊人的兵员和供应品通过了封锁线。8 月下旬，"非洲军团"增加了 203 辆新坦克——包括 73 辆"装甲 III 号"（其 50 毫米大炮颇有威力）和 27 辆"装甲 IV 号"（装备着最新的 75毫米长管大炮）。新增援的部队使损失惨重的第十五和第二十一装甲师接近了正常的实力，但是汽油仍然是该军最严重的问题。在 8 月 27 日与凯塞林和卡瓦勒罗的会晤中，隆美尔要求给他计划中的新一轮进攻提供至少6000 吨的燃料。卡瓦勒罗充满信心地回答道："你可以开始战斗了，陆军元帅。"油船已在路上了。不过最终，到达军中的这批燃料只有一小部分。英国人在 8 月份的最后几天里击毁了 4 艘油船，而其余的许多燃油在由卡车拉到前线的途中又被消耗掉了。与此同时，同盟国军队在皇家空军的保护下能够定期地得到补给。

50岁的隆美尔同时还得应付另一个突如其来的弱点——他自己的身体。他在北非长达19个月的疲劳工作开始拖垮了他的身体。没有其他哪位德国将军过了40岁还在那儿干那么长的时间。有些日子，他几乎起不了床。他患有严重的鼻炎，也许还有慢性胃炎。阵发性的晕倒和低血压加重了他的痛苦。他的医生说他不适合指挥作战，建议他请长病假。隆美尔不情愿地同意这样做，他建议由海因茨·古德里安将军代替他。但是，已在元首那儿失宠的古德里安被柏林拒绝了，所以，隆美尔决定继续指挥，发动了他认为很关键的这次进攻。他在8月30日那天的命令是这样开始的："今天，我们这支军队有了新的增援，我们要在新的一轮进攻中最后消灭敌人。我希望在我指挥下的每一位士兵在这决定性的时刻都要尽自己最大的努力。"隆美尔是一位不停的进攻者、一个革新能手、一名赌金押得很高的冒险家，对他来说，要么现在就做，要么就永远别做。这场战役将决定谁控制北非。他写信给妻子露西说："我们将等很长时间才会有现在这种有利的条件：月光、相对增强的实力等等。"月亮将是满月，会照亮整个战场。他有500辆坦克，敌军有700辆；他总共有大约146000名兵员，蒙哥马利有177000名。然而，他至少有80%的卡车是从敌军那儿缴获来的，这给本已超负荷工作的战斗修理队带来了更多的修理工作。

　　"沙漠之狐"下了赌注，认为燃料会像许诺的那样运送来，英军的空中优势（他的参谋们把它过高地估计在五比一的比例上）将不会起决定作用。在进攻的那天，当他离开睡觉的卡车时，他告诉他的医生说，这次进攻的决定是"我最难做出的一次决定。要么是在苏联的军队成功地穿插到格罗兹尼以及在非洲的我们设法抵达苏伊士运河，要么是……"他以一个表示失败的手势结束了这句话。

　　他的战术计划再次得依靠速度和突袭，以抵消敌军在数量上的优势；快速调兵遣将可以弥补相对的弱点。该计划要求新到非洲的第164轻型坦克师和拉姆克伞兵大队以及意大利的几支部队协同作战，从北部和中部困住英军，同时，"非洲军团"进攻南边的卡塔拉谷地附近地区，然后转向英军的左翼。装甲师将以最快的速度向北挺进，攻占第八军后部腹地的一个战略要地阿兰哈尔法山梁。

　　隆美尔指望英军指挥官们会做出很慢的反应，也希望用一条妙计迷惑住他们。他已命令对前线北部和中部的坦克和大炮阵地实行伪装保护。但是在南边，将要发起进攻的地方，他部署了一些假的坦克。部署的方式很讲究，要让敌人通过近距离观察能够认出它们是假的。这一招骗术将使敌人以为，主要的进攻可能是在其他地点。

　　8月30日晚上11点，在明亮的月光下，部队开始向前移动了。第九十轻型坦克师部署在意大利第十军的南边，形成一条宽阔的轴心国作战前线的轴点。另外，意大利第二十军从中路进攻，"非洲军团"从右路进攻。两支小分队——第三和第三十三侦察分队，封锁住卡塔拉谷地的最右边。不过，事实很快表明，隆美尔的妙计并未愚弄住任何人。英国特工通过监听无线电通讯，已知道主要的进攻方向，于是蒙哥马利加强了那一地区的力量。进攻的一方立即陷入了困境。他们不得不走了30英里的沙漠才开始进攻，而这一地区的大多数路段都埋有地雷。他们遇到的地雷比预计的要埋得更深、更密。英军的装甲车、大炮和机枪给正在清除地雷的德意工兵和紧跟在后面的作战部队予以重创。在照明弹的映照下，英国皇家空军瞄准正在等着清除地雷的德国坦克实施轰炸，这表明英国皇家空军的优势在这场战役刚开始就占据了主导地位。

隆美尔打算依靠速度取胜的那份时间表，已经不管用了。原定于黎明后向北进军的部队在太阳升起的时候仍困在地雷区。此时，已有3名关键的德军指挥官倒下："非洲军团"司令瓦尔特·内林中将受重伤，他的好几位参谋部成员阵亡，当时，他的指挥车遭到英国皇家空军一架飞机的轰炸；第二十一装甲师师长乔治·冯·俾斯麦少将被地雷炸死；第九十轻型坦克师的乌尔里奇·克里曼少将也身受重伤。隆美尔考虑取消进攻计划，但是，他在8点半左右获悉"非洲军团"的坦克已终于突破地雷区并在向东推进时，他决定继续进攻。这时候，沙漠中的热浪已开始袭来，云层低垂，干燥的南风掀起一阵沙暴，铺天盖地席卷整个战场。"非洲军团"行动迟缓，先是沙暴的阻挡，然后是细沙的妨碍，使坦克步履维艰，增加了燃料的消耗。对隆美尔来说，更糟的是，新的燃料还不知道在哪儿。

直到 8 月 31 日晚上，德国装甲部队才抵达阿兰哈尔法。英军事先就知道德国人的意图，早已加固了山梁一带的防线，准备了充足的火力。大约 400 辆坦克在那儿集结待命，另外，英军第二装甲师把它的"格兰特"重型坦克隐藏在沙丘后的地洞里。炮兵队已操练了几周时间，已趁着夜色各就各位，期待着这一时刻的最终到来。他们的新型 6 磅反坦克大炮起先将保持沉默，等敌人进入 400 码范围内再开炮。夜幕降临后，德军进攻英军的战壕阵地，击毁了几十辆"格兰特"重型坦克，但给自己也造成了重大伤亡。双方的损失都很大，但防守者还在坚持。德军只好原地挖掘战壕，忍受着英国皇家空军整整一夜的不断轰炸。

9 月 1 日早晨，缺少燃料的隆美尔只好让第十五装甲师一支部队进行有限的进攻。在同盟国大炮和飞机的强大轰击下，进攻很快减弱下来，密集的炮火使德军坦克和步兵在剩下的一天里一直无法动弹。由于坦克快要用完燃料了，隆美尔知道，他的部队不可能再前进了，甚至连生存都很危险。9 月 2 日，隆美尔决定撤退，但是，燃料的短缺使大规模的撤退都变得很困难；兵员和坦克只能逐个地撤退。

隆美尔本人仍然有病在身，那天上午，他在巡视"非洲军团"的阵地时，6次遭受空袭。有一次，他刚走出战壕，就看到在几英寸远的地方，一把铁锹被一块火红的金属片碎片"完全刺穿"，正好落在他脚边。

第二天，隆美尔的军队开始缓慢地撤退了。到9月6日时，大多数已退到原来的位置。在南边，他们控制着英军的一些地雷区，增强了自己的防御能力，但这不过是一点小小的安慰。这场长达6天的战斗结果有利于同盟国一方：隆美尔手下的伤亡人数估计是3000，他的军队在撤退时还不得已扔下了50辆坦克、50门反坦克大炮和野战炮以及大约400辆其他车辆。亚历山大将军的英军损失是1640人、68辆坦克和18门反坦克大炮。

蒙哥马利率领第八军首次开战就取得了成功，但是他未能乘胜追击，进行一次全面的反攻，这使许多人，包括隆美尔的副官梅伦廷，感到不解。这位英国指挥官"丧失了一次绝好的机会"去彻底击败德国装甲部队，梅伦廷认为最有可能的解释是，隆美尔的威望——尤其是"他在反击战上的卓越威望"，使他的敌人不敢轻举妄动。

德军指挥部对阿兰哈尔法战役的重要性不抱任何幻想。隆美尔写道："随着这次进攻战的失败，我

装甲部队的生死决战

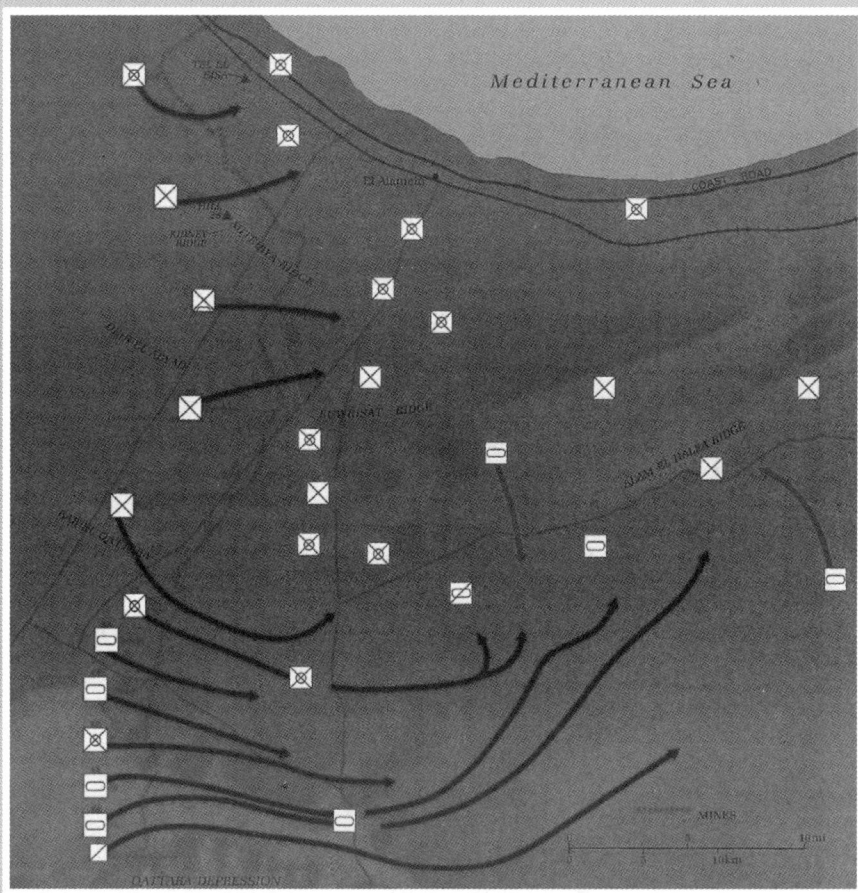

8月30日，为了击败英国第八军攻占亚历山大港，隆美尔把进攻战推向了最高潮。像5月份在加扎拉一样，他这次的计划也需要一支装甲力量迅速包抄南翼，同时派步兵把敌军逼向北边。但是英国人已做好决一死战的准备，当德国装甲车穿越"卡塔拉谷地"的地雷区时，他们动用了空中和地面力量狂轰滥炸。第十五和第二十一装甲师的部分部队于8月31日突破了地雷区，挥师向北朝着目标阿兰哈尔法山岭挺进，但由于燃料不足，他们被山岭上的英军坦克和大炮击退了。在那片高地上付出昂贵代价后，隆美尔于9月2日开始把部队撤退到原来的地点。

们失去了夺取苏伊士运河的最后一次机会。"他举了三
条理由来说明这一结果：在进攻时才发现英军的实力"与
我们的侦察报告不符"；英国皇家空军的制空权；缺少
燃料。到 9 月 1 日晚上时，他部队的燃料只够使用一天
的了；9 月 2 日至 4 日，轴心国有 3 艘油轮被击沉，只
有一艘到达了托布鲁克。其他德国军人对这次失败的解
释不像隆美尔那样依据统计数字。海因茨·施密特中尉
认为，"我们的装甲部队已失去了往日的风采"。陆军
元帅凯塞林认为，换了"过去的隆美尔"，这场战役就
打赢了；他现在"缺乏坚持不懈的铁的意志"。

　　隆美尔发现自己现在扮演的是一个他不习惯的角
色——不断地掘地防守，不断地放弃主动权。他把他手
下的工兵们建造的地雷网称作"魔鬼的花园"。在九、
十两个月里，他的部队沿着 40 英里的前线埋下了将近
50 万颗地雷。在某些地段，地雷分几层埋下，这样可
以使英军地雷工兵不知所措：即使发现并摘除了上面一
层地雷，下面还有一层地雷会爆炸。另外，还埋设了一
些手榴弹和炮弹，与地雷绊索并联在一起。隆美尔把他
的军队部署在地雷阵的后面——首先是步兵，然后是炮
兵和反坦克兵，最后是装甲兵。

　　对于前线的德国士兵来说，9 月是他们 4 个月来第
一次可以真正休息的月份。隆美尔的指挥部想方设法地
给士兵们找些事来做，组织训练课程，举办音乐演奏会
及其他各式各样的娱乐活动。有 12 名能逗笑的人在各

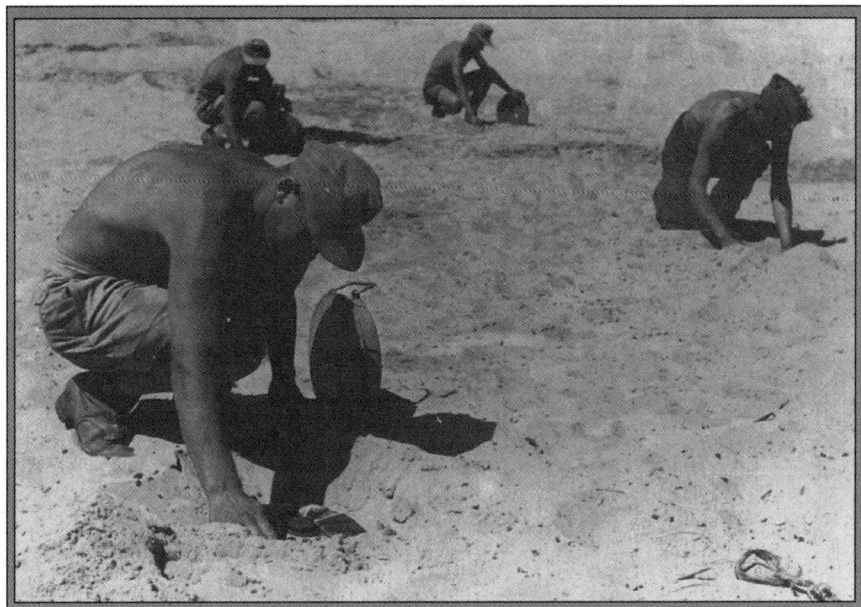

部队单位巡回演出。第 104 装甲大队的掷弹兵组织了一个喜剧演出团，尤其深受大家欢迎。另外，还举办了一些特别纪念活动，如第 155 炮兵团举行第 8 万发炮弹开炮仪式，第十五装甲师的厨师们举行第 400 万个面包烘烤仪式。

9 月中旬，隆美尔听从医生的嘱咐，同意回家度假，治疗他身上的多种疾病。他对他的代理指挥官乔治·斯图姆将军说，一旦英军进攻，他将马上返回。他于 9 月 23 日先飞到意大利与墨索里尼会见。他抱怨说供给品短缺，同盟国占有空中优势，但那位意大利独裁者没有多少兴趣听他的这番抱怨，他认为隆美尔"在身体上和精神上均已垮掉"。3 天后，在德国东普鲁士希特勒的

德军于 9 月份在"魔鬼花园"建立了防守圈，（上图）德军工兵正在布设反坦克地雷。由于不再具备强大的进攻力量，轴心国部队埋下了445358 颗地雷并设置了长达几英里的铁丝网（右图），以阻挡蒙哥马利将要发起的攻击。

指挥部里，隆美尔把同样的抱怨又发泄了一通。奇怪的是，这里的气氛却让他感到很乐观。

元首给了他一根陆军元帅的权杖，并答应给他援助——提供新的坦克和物资运输、军火，甚至还有火箭炮。隆美尔连珠炮似地一口气道出了他所需要的供应物资：9 月份需要至少 3 万吨燃油，10 月份需要 3.5 万吨。他还描述了一种美国制造的新式炮弹，能够穿透装甲车，同盟国军队把这种炮弹用在战机上来对付德国的装甲车，具有很强的摧毁性。这番描述激怒了赫尔曼·戈林，这位德国空军司令大声说道："这不可能！美国人只知道怎样制造剃须刀片。"隆美尔回敬道："我们能有一些那种剃须刀片也行啊，帝国元帅先生。"后来，在纳粹宣传部长约瑟夫·戈培尔安排的一次柏林记者招待会上，隆美尔试图传递出他本人并没有感觉到的乐观

在纳粹宣传部长约瑟夫·戈培尔（右）的陪同下，隆美尔赶往在柏林举行的一次纳粹集会，手里拿着几天前希特勒授予他的陆军元帅权杖。隆美尔写道："我倒更愿意他再给我一个师的兵力。"

情绪。接下来，在 10 月初，他偕同妻子在奥地利山区的一处疗养胜地赛梅林静养了一段时间。

当隆美尔恢复精力后，他的军队不可避免地要迎来同盟国军队发起的地面进攻。隆美尔所抱怨的盟军空中优势已变得越来越明显。英国皇家空军的轰炸机群排着整齐的队形飞行，煞是好看，德军士兵们把它们称作"集会大表演"，因为它们很像战前纳粹集会的飞行表演。这些轰炸机在九、十两月里几乎每天都要骚扰德国装甲部队。仅在 10 月 9 日这一天，英国皇家空军就出动了 500 架次；而深受燃料匮乏之苦的德国空军只出动了 102 架次。神经都给炸麻木了。一名炮兵下士在背上挂着一块牌子，上面写着"别开炮"。向空中张望的眼睛被形容为"德国人的张望"。在 10 月下旬，英德两军的空中力量对比情况是，英军有 605 架战斗机和 315 架轰炸机，德军有 347 架战斗机和 243 架轰炸机。隆美尔承认："没有真正的回应力量来对付敌军的空中优势。"

与此同时，"魔鬼花园"后面的步兵仍然什么东西都短缺。他们需要坦克、大炮、弹药、卡车、食品，当然还有燃料。早在前去度假之前，隆美尔就曾打报告说，如果没有足够的补给，"要继续维持'非洲军团'在战场上取得胜利是不可能的"。结果，九、十两个月给他运来的燃料还不到他要求的最低数的一半。现在，他的部队还缺少食品，因为只有一半的食品运来了。由于营养不良，许多士兵得了肝炎和痢疾。为了腾出更多

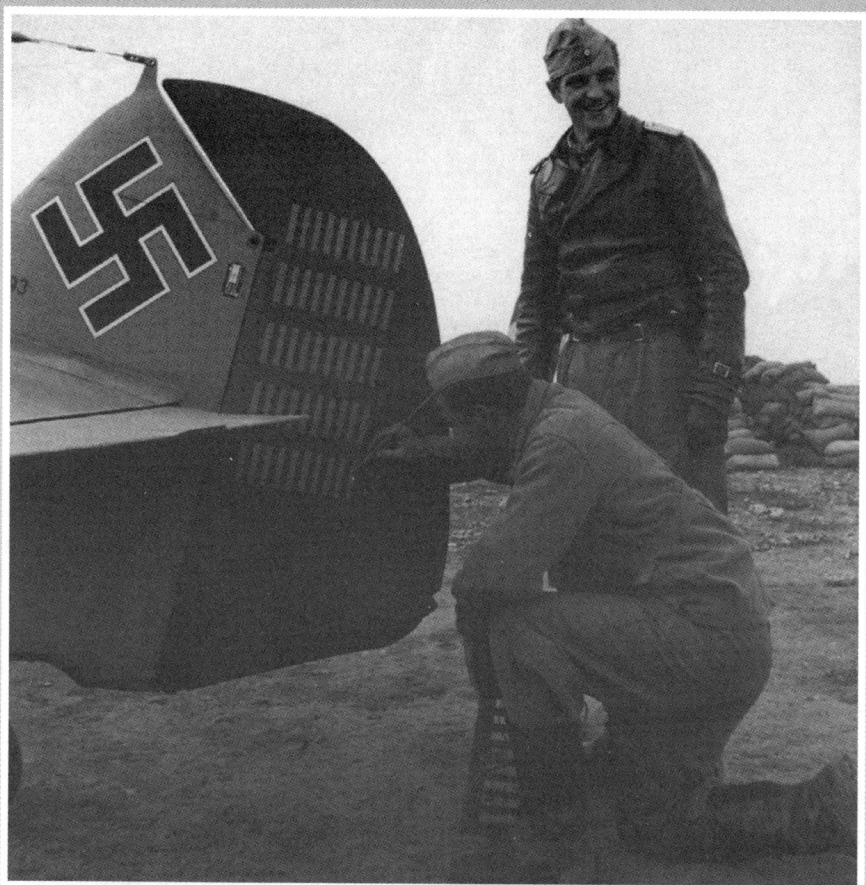

德国空军王牌飞行员汉斯·乔吉姆·马塞尔露出微笑，他的身边是一名机组人员正在他的 Me 109 飞机上涂上第五十次胜利标记。

一名王牌飞行员

在利比亚作战的战士中名声最显赫的，除隆美尔之外，可能就是一位名叫汉斯·乔吉姆·马塞尔的年轻飞行员，他被德国新闻界誉为"非洲之鹰"。马塞尔出生于柏林，但具有法国血统，他在空中是一名令人畏惧的

杀手——而在地面上他是一个富有魅力的、很会享受生活的人。他在尘土飞扬的沙漠机场上设计制作了一些令人开心的娱乐活动，他的帐蓬是一个有名的储备丰富的酒吧，具有巴黎咖啡馆的浪漫气息。马塞尔是一名技术非凡的飞行员，驾驶着他的"梅塞尔-施密特"飞机经常进行急转向和大胆爬升等惊险动作，在飞机快要失速时才拉平飞机。他最厉害的

是瞄准十分准确，能够在两架飞机全速划过天空时近距离地击中英国皇家空军的飞机。

德国空军都习惯于近距离激战，即使在这个充满王牌飞行员的飞行中队里，马塞尔的总体表现都是令人震惊的：他共出动388架次，击落了158架敌机。在阿兰哈尔法战役中，他有一天就击落了17架飞机。不过，马塞尔的好运未能持续下去。

223

　　马塞尔（上图）正坐进他的"梅塞尔‐施密特"战斗机的驾驶舱。不是行伍出身的他更喜欢穿短裤，而不喜欢穿飞行服。他还经常穿着运动鞋，他说这会让他更灵敏地碰触操纵杆。

　　1942 年 4 月 1 日，马塞尔（中间）正用战斗机飞行员的通用语言描述他在第 50 次击落敌机时的近距离激战。他的连续胜利得益于他的 Me 109 飞机的灵敏性，这架飞机的性能比德国空军在非洲的大多数飞机要好一些。

马塞尔在利比亚一个村庄的临时报亭浏览新闻海报。海报上说他戴在脖子上的"铁十字"勋章又追加了栎叶。

马塞尔帐篷的一面墙上贴满了德国电影明星的照片，另一面墙上装饰着一床从他自己家里带来的踏花被子。有着一股年轻人调皮劲的马塞尔在帐篷的天花板上还拼贴了一张假的蜘蛛网，上面还有一只虎视眈眈的玩具蜘蛛。

1942 年 9 月 30 日，在开罗上空执行任务后准备飞回的马塞尔给基地发电报说："我的座舱里冒烟了！""梅塞尔－施密特"战斗机的引擎着火了。马塞尔从飞机里跳伞出来，但他撞到了飞机的尾翼，很明显这一撞使他失去了知觉。他的降落伞一直没有打开。德军在沙漠里找到了他的尸体，按照英雄的规格掩埋了他（上图）。德国空军飞行大队队长阿道夫·加兰德将军称年轻的马塞尔是一名"无与伦比的飞行能手"。他死时，只差两个月就满 23 岁了。

空间装运武器，食品装运量被削减了。斯图姆将军感叹道："我们止住了一个漏洞，结果却撕开了另一个漏洞。"

最终运抵的少量军备物资使德军的两支装甲师在10月份分别增加了约100辆坦克，但这点数目远远少于蒙哥马利囤积的军备物资。由于收到了大批美制"谢尔曼"坦克、6磅型反坦克大炮和自行式105毫米榴弹炮，英国的第八军现在在装备的质量和数量上都占有优势。蒙哥马利利用九、十月份这段空隙集结了一支不可抗拒的部队，并对他们进行了很充分的训练。到10月中旬时，他在力量对比上的优势已大致达到了二比一甚至更高的比例：194000名兵员对轴心国军队的104000名，坦克是1000辆对500辆，野战炮是908门对299门。

蒙哥马利选定在10月23日夜发动进攻。一轮满月将再次为进攻者照明道路。他已制订出一份详尽的计划。在强大炮火的掩护下，奥利弗·李斯中将的第三十军的4个步兵师将从北边进攻，长达6英里的战线北起海边的特勒艾沙山，向南一直到米特尔牙山梁。步兵和地雷工兵将清除沿途的地雷，攻下德军步兵阵地和炮兵掩体。然后，赫伯特·卢姆斯登中将的第十军的坦克将冲上前去，砸碎轴心国军队的防线。在南边，布莱恩·霍洛克中将的第十三军将主动出击，牵制住那一地区的德军装甲部队，进一步使德军搞不清第八军的真正目的。同时，盟军飞机将轰炸德军阵地，袭击轴心国机场，使敌军飞机在防守中发挥不了作用。

英军指挥官也设计了一个隆美尔式的骗人花招想使德国人相信，主要的进攻将来自南边。为了迷惑轴心国的空中侦察，英军设置了 3 个半假的重型大炮野战团，并配备了一些假炮手。盟军士兵还用废旧的油罐开始修建一条假的供水管线。供水管线向南延伸 20 英里，一直到沙漠的边缘，那里堆放着一些假的供应物资。施工故意久拖着不完成，以使德国人相信，英军在管线完工之前是不会发起进攻的。而藏在北边真正进攻地点的坦克和大炮被改装成了卡车。

10 月 23 日的夜色如此明亮，在后方的人们想要睡觉，必须用被子罩着头把月光挡在外面才行。晚上 9 点 30 分，进攻开始了，地动山摇的炮火是自第一次世界大战以来最猛烈的一次。英军有 900 门大炮，每一门发射了大约 300 颗炮弹，使飓风般的炮火持续了 20 分钟。在长达 6 英里的进攻战线上，平均每隔 21 码就有一尊炮位。当步兵出击时，炮兵们把目标往前推移，给步兵的前进提供炮火掩护。猛烈的炮火打得意大利"利托里奥"师的许多士兵毫无斗志，不敢往前冲锋，只能往后逃窜。盟军中的英国、澳大利亚、新西兰和南非的先头部队很快攻占了被轴心国军队遗弃的前沿据点。

然而，到黎明时分穿越"魔鬼花园"时，盟军步兵的推进慢了下来。有几支部队已抵达目标地，但开辟出来的坦克通道只有一条。防守炮火在顽强地抵抗，新增援的第 164 非洲轻型坦克师在发动局部的反攻战。

第 443 炮兵营在视野空旷的条件下开火，封住了英军的一次突破企图。斯图姆将军此时并不十分清楚战斗的情况，他与前线的联系在炮轰刚开始时就中断了。他决定开车到前面去亲自看看，他带领一名参谋部军官和一名司机于凌晨时分出发。快到前线时，他的指挥车遭到澳大利亚机枪手的袭击。那名参谋部军官瘫倒在座位上，受了致命重伤。在司机开足马力急速掉头时，斯图姆因心脏病突发而死，被抛出了车外，但恐惧之下的司机根本没注意到这一切。斯图姆后来被报道失踪了，而不是阵亡了。他的无法解释的消失使德军指挥部一片慌乱。

激烈的战斗持续了一天一夜，意大利"利托里奥"师和德国第十五装甲师竭尽全力顶住英军对 28 号高地的压力。这个重要山头尽管比周围的沙漠平地只高出 20 来英尺，但却控制着整个战场。由于轴心国军队的顽强抵抗，双方伤亡的人数都在急剧上升。装甲部队相互也攻打得十分激烈，两天内盟军就损失了 250 辆坦克，而德军第十五装甲师也损失了 119 辆坦克中的 88 辆。无时无刻不在的英国皇家空军向轴心国军队的阵地发射了雨点般的炸弹。前不久刚刚接管"非洲军团"的里特·冯·托马将军接替斯图姆担任总指挥。

隆美尔于 10 月 24 日下午通过电话得知了进攻的情况。他被告知斯图姆已失踪，并且被问到是否身体已经康复、可以重返前线。隆美尔给了肯定的回答。几个小时后，希特勒来电，问他是否可以马上出发。隆美尔第二天清早离家，在罗马稍事停留后，于傍晚时分赶到他的前线指挥部。在罗马，他已得知他的部队仍然缺乏燃料。正如他后来写道，他当时就知道，"在非洲再也挣不到什么荣誉桂冠了"——至少对他来说是如此。

10 月 25 日，蒙哥马利从他伪装的供水管线的南边发动了牵制性的进攻。当晚，在前线另一端靠近海边作战的澳大利亚第九师攻下了 28 号高地（澳大利亚人因其菜豆形状把它称作"菜豆山"）。他们从一幅缴获来的地图上得知轴心国军队和地雷在这一地区的部署情况，于是展开了残酷的短兵相接的战斗。隆美尔马上调派第九十轻型坦克师的部分力量和他自己的指挥部的防守部队去支援轴心国的装甲部队，设法阻止英军的进一步突破。然而，对于德军，尤其是对于伤痕累累的第十五装甲师来说，人员和武器装备的损失代价简直是灾难性的。隆美尔深知，他的对手在用他自己的那套战术来对付他，他们在竭力寻求一个突破点。在他回到前线、听了托马和其他军官的汇报后，他也认识到他的选择是非常有限的。燃料的匮乏使大规模的行动不可能。他能做的一切就是尽量把澳大利亚军队控制在海边防线的内侧。盟军的炮火威力无比，隆美尔看着"一发接一发的炮弹如瀑布似地落在德军的部队中"。轴心国军队的燃料危机近期内将不会得到缓解：威灵顿的轰炸机当天在班加西附近的海域又击沉了轴心国的两艘运输船。

尽管有些迟了，隆美尔还是把他的装甲部队和其他机动部队集中起来。他把第九十轻型坦克师从原来的后备位置调到前线，把第二十一装甲师从南边调到海岸边，尽管已没有足够的燃料让该师再回到南边。他命令第二十一装甲师于 10 月 27 日从米特尔牙山梁的北边发起反攻。轴心国的部队再一次向该山梁猛冲猛打，但是，势不可当的英国皇家空军轰炸机与盟军反坦克大炮协同作战。猛烈的炮火使轴心国的步兵和坦克在经过一场残酷的混战后损失惨重，德军装甲部队又损失了 37 辆坦克。现在，德军只剩下 81 辆了。

隆美尔的家书的调子变得越来越悲观消沉了。他在 10 月 28 日写道："最亲爱的露西，谁知道我在以后的几天里是否还会有机会静静地坐下来写信？今天还有一次机会。"第二天他写道："我没剩多大的希望了。"他在记述 10 月 27 日的反攻时，调子显得更悲观："很明显，从现在开始，英国人将一点一点地消灭我们。"他的观察结果更让人寒心："蒙哥马利还仅仅只是把他的一半力量投入到战斗中。"令隆美尔感到不解的是，这位英军司令还没有打算突破。

尽管存在种种不利因素——可能还因为他的处境在不断地恶化——隆美尔仍然倾向于主动进攻。当澳大利亚第九师的步兵和一支装甲部队于 10 月 31 日在海岸公路附近突破德军防线时，他亲自率领第三十三侦察大队进行了一次成功的反攻，他发动了他手中的最后一批"斯图卡式"轰炸机，用第二十一和第十五装甲师的残

余力量封住了英军的突破口。这场胜利带来了卡瓦勒罗
将军的贺电，他引用墨索里尼的话，"完全相信"隆美
尔还会重新占据优势。隆美尔知道，意大利人实际上无
法理解他的尴尬处境。

　　蒙哥马利也有理由担心。他的进攻目的本来是要
引诱德军装甲部队与他占优势的反坦克大炮交战，但
是，战斗已进行 4 天了，他手下的大多数部队还没有完
成原计划第一天的目标，德军的非洲装甲部队很明显还
没有被打垮。更为糟糕的是，他自己的装甲部队还无法
自由机动。这位英军司令担心，如果再这样僵持下去，
他的部下可能会失去战斗的势头和士气。考虑到自己还
有后备的步兵和装甲力量，蒙哥马利准备发起一次全线
出击，他把这次行动的代号定为"增压行动"。刚开始，
他打算把部队集结在北线，以扩大那个澳大利亚师的既
得地盘。但是，英军特工人员报告说，隆美尔的德国装
甲师此刻全部集中在那一地区，只留下意大利步兵据守
前线的大多数地段，蒙哥马利于是改变了他的进攻点。
澳大利亚人将继续沿着海岸向西挺进，但新的主要进攻
点将在 5 英里以外，即第 164 非洲轻型坦克师和意大利
"特伦提诺"师之间的接合处。在这两支部队的后面是
第十五装甲师和"利托里奥"师。11 月 2 日夜里一点，
又一轮排山倒海式的炮轰在电光雷鸣中开始了。作为"增
压行动"的序曲，英国第三十军的所有大炮（共 360
门）一起划破夜空，向狭窄的 4000 码前线阵地倾泻了

在 10 月 23 日英国第八军发动的一次决定性进攻中，英军士兵经过一辆被击毁的德军装甲车，装甲车的炮台上挂着一名炮手的尸体。经过 10 天的激战后，隆美尔对战局不再抱什么希望："敌军的强大力量正在把我们压扁。"

15000 发炮弹。连续 4 个小时，炮弹雨点般地打向轴心国军队的据点，轰炸机一轮接一轮地猛轰轴心国军队薄弱的阵线。在训练有素的新西兰第二师的领导下，盟军步兵奋勇向前，他们的身后紧跟着坦克。到 4 点钟时，步兵已向沙漠里推进了 4 英里，清除了"魔鬼花园"的最后屏障。第九装甲大队的装甲车按照原计划穿过步兵阵营，径直冲向轴心国军队的后方。紧跟其后的是三支装甲师的坦克。

英军的坦克很快遭到反击。从最初炮轰开始就一直警惕英军意图的隆美尔有时间在一条被称作"拉曼小

道"的路后边建起了一道反坦克和野战大炮屏障。第
十五装甲师的坦克躲在隐蔽处支持枪炮手。此刻，东边
的天空已开始明亮起来，德军的枪炮手们能够非常准确
地瞄准进攻中的英军坦克。由于被炮火击中，坦克冒出
火焰和浓烟，坦克兵们只好跳出来找地方逃命。越过这
一屏障的坦克不是很多；不过，那些越过来的坦克给防
守中的枪炮手们带来了极大的伤亡，德军枪炮手们被压
在坦克履带下或倒在坦克的机枪火力下。一些德国士兵
单枪匹马地对付英军坦克。第104装甲榴弹炮队的拉尔
夫·林格勒中尉把一枚手榴弹扔到了英军一辆坦克的炮
架上，结果被弹开了。由于他的位置很近，他可以听到
那辆英军坦克的指挥员说，"差点击中！"

　双方的伤亡都很大。英军在一个小时内就损失了
70辆坦克。第一装甲师的两个大队前去增援第九装甲
师的剩余力量。在德军一方，隆美尔和托马发动反攻，
命令第十五和第二十一装甲师的所剩部队从两边出击，
坚决顶住英军的推进。所有能够用得上的88毫米大炮
都投入了战斗。在接下来的坦克大战中，"谢尔曼""格
兰特"和"十字军战士"坦克近距离地与长期以来形成
隆美尔军中核心骨干的"装甲Ⅲ号"和"装甲Ⅳ号"
坦克展开拼斗搏杀。德国人顽固地坚守着战场的关键
之地，一个被叫作特拉卡其尔的山梁。英国皇家空军不
间断地轰炸德军集中在战场四周的大炮阵地。隆美尔从
一座小山上看见成群结队的英制和美制轰炸机击毁一架

徒劳的防守

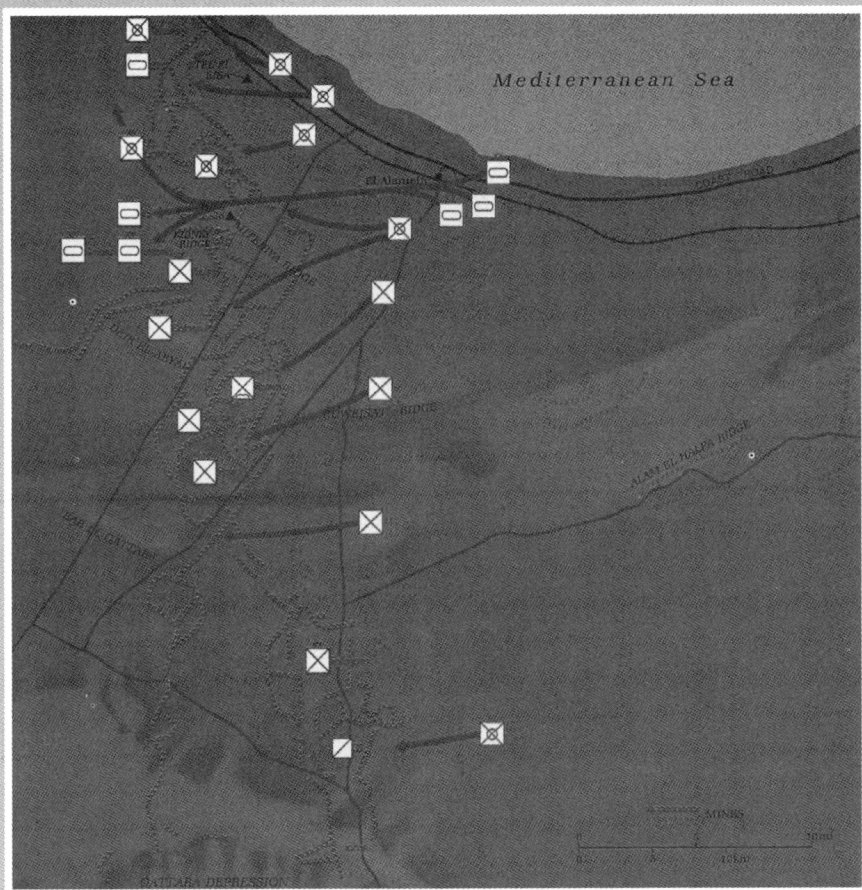

　　10月23日，英军已做好准备，以数量上占优势的部队压向隆美尔的装备极差的军队。当天晚上，一场大规模的炮击行动为英国步兵铲平了道路，使他们可以开始慢慢清理坦克通道，穿过德军防线北侧的密集的地雷区。在德军那方，第十五装甲师与第九十轻型坦克师协同作战，抵抗英军的威胁，这使得10月26日和27日在"莱豆山"一带的战斗异常激烈。德军虽然守住了防线，但他们最优良的部队损失惨重。战斗打响以后才从德国匆匆赶回前线的隆美尔，把他剩下的所有装甲力量都集中在北翼，使南翼变得不堪一击。英国人利用这一形势于11月2日展开了第二次大规模进攻。11月4日，遭受重创的隆美尔部队开始全线撤退。

又一架珍贵的 88 毫米大炮。

夜幕降临时，战斗还在进行，托马向隆美尔汇报了战况。德国人虽然封住了盟军的突破，但"非洲军团"只剩下了 35 辆坦克。在这场战役中，德军大炮的数量——包括 88 毫米大炮——减少了 2/3。德军没有剩下任何后备力量了，那大约 100 辆还在作战的意大利坦克实际上已毫无用处。隆美尔别无选择。当晚，他命令托马准备撤退到 60 英里以西的富卡，掘地防守，同时给柏林发电，说他正在撤退。零星的战斗整个晚上都在进行，但到了 11 月 3 日早晨，一切基本平静下来。隆美尔派一名副官给希特勒本人陈述他军队的请求，但元首已经另有决定。隆美尔下午早些时候收到了回电，希特勒的命令是："就你目前的处境来看，不可能有其他的办法，只有死命抵抗。用坚强的意志战胜强大的军队，这在历史上已不是第一次。至于你的部队，你给他们指明的道路，要么是胜利，要么就是死亡。"

希特勒的命令让隆美尔惊呆了。他致电柏林，说他在步兵、反坦克兵和工程兵方面的损失已将近 50%，而"阿里埃特"和"利托里奥"这两支意大利装甲师已差不多全被歼灭。他的处境很绝望。况且，他还不能让自己违背希特勒的直接命令。他以"一种漠然的心情"，指示所有部队坚守死守。

衣衫破烂、饭食不足、但仍然顽强坚持的部队将士们再一次服从了命令，但他们也知道，这一切努力都是徒劳无用的。第104装甲榴弹炮队的一名中尉在11月3日的日记里写道："我们几位榴弹炮手就在这里，在我们的掩体里。寒冷已经过去，但饥饿尚在。每隔20码远，某些地方大约每隔50码远，就躺着几个人。两门反坦克大炮，那就是我们的一切。而我们面对的是成群的坦克。"

"非洲军团"的残余兵力顽强地固守着，使英军装甲部队的推进一直拖延到11月4日上午。率领部队在前沿阵地作战的托马将军成了俘虏。意大利的"波洛尼亚"师在英军装甲车的追击下已开始向西撤退。下午，蒙哥马利的坦克包围并消灭了"阿里埃特"师的残余势力，该师的坦克兵们坐在"滚动的棺材"里进行了最后一次抵抗。盟军的坦克和步兵现在呈扇形已突入轴心国防线上一处宽达12英里的缺口，将要对剩余的敌军形成包围之势。隆美尔写道："我们一直千方百计想要避免的事现在终于来了——我军的锋线被斩断，全部机械化装备的敌军趁势拥入我军的后方。不可能再靠上面的命令了。我们只好力所能及地自己救自己。"

凯塞林出现在隆美尔的指挥所里，授权他违抗希特勒的不胜利就死亡的命令。隆美尔当天下午3点半发出了撤退命令，他那些幸存下来的部队立即开始沿着交通拥塞的海岸公路向富卡缓缓撤退。在南边的几支意大利步兵师，由于缺乏机动车辆，加之与其他撤退部队隔离开来，只好自行主张；大多数选择了投降。希特勒和

墨索里尼同意撤退的命令在当天下午晚些时候才到达隆美尔这儿，来得太晚了，使好几千名轴心国军人在那间隔的36小时里阵亡或被俘。隆美尔的整个兵力现在只有22000人了。吃了败仗、灰心丧气的隆美尔及其德国装甲部队的残余分子在盟军的紧紧追赶下匆匆向西逃去，经过他们曾经品尝胜利滋味的战场，回到的黎波里，回到更远的最终归宿。

被英军抓获的"非洲军团"指挥官威·里特尔·冯·托马（左）向蒙哥马利将军（右）描述他受罪般的痛苦。托马抨击希特勒的那条"不赢即死"命令是"无与伦比的疯狂行为"。不过，他在战斗中不是向后撤退，而是佩戴着奖章、孤身一人驾驶着坦克冲进密集的战火中。

一名在阿拉曼大溃退中向盟军投降的士兵把脸埋藏在双手里，他的身边是一名也当了俘虏的战友。

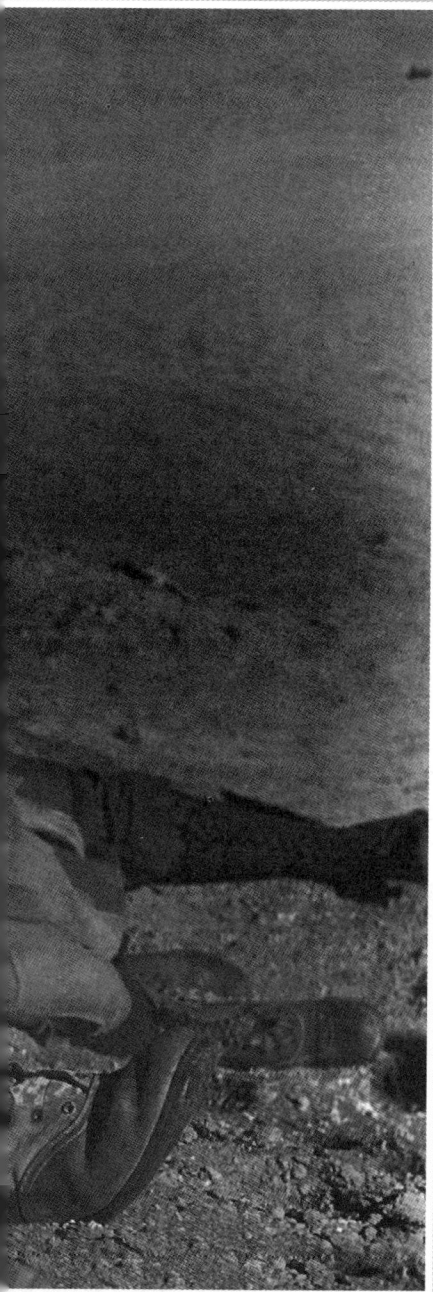

"死去的人是幸运的人"

"整个地平线好像在燃烧、在震颤。"隆美尔的一名高级军官这样写道。弹药在爆炸，坦克在燃烧，浓烟滚滚，火光映红了天空。阿拉曼以西的沙漠里到处都是伤亡的士兵和丢弃的设备——这是战争和战败后撤退时留下的一道凄惨而又壮观的景致。曾几何时，"非洲军团"创造了大胆进攻的奇迹。而现在转为防守的它快要分崩离析了；它面临的对手比它有更多的坦克、飞机、炮弹和燃料，以及兵员。

到了 1942 年 11 月 2 日，英军已向隆美尔的前线地带渗透了 4 英里。由于担心英军通过突破彻底击垮自己的部队，他命令撤退。接着，从柏林传来了元首的指示：坚守住，"非洲军团"必须"打赢或战斗至死，别无他路"。当晚，隆美尔躺着一直无法入睡。"我绞尽脑汁，想为我的可怜的部队寻找一条逃离这个困境的出路。""死去的人是幸运的，"他得出这样的结论，"对他们来说，一切都结束了。"

隆美尔痛苦了一天，然后命令部队撤退，以待来日东山再起。到这时候，轴心国部队已有 3 万多人阵亡或被俘，也损失了许多坦克和大炮。在汽车和剩余的少量坦克沿着海岸公路向西撤退时，没有机动运输车辆的步兵们只好被抛在了后边。在步兵的身后是第九十轻型装甲师的残余部队，他们只能采取一种边打边跑的行动方式。为了减慢英军的追击，德军工兵们在沙漠里埋下了大量的地雷和废旧金属（以蒙骗地雷探测器）。在沙漠的建筑物里，他们设置了一些饵雷陷阱，一旦冲洗厕所时或摊开卷好的图片时就会爆炸。

曾经有 4 次，英军坦克部队试图把德军切割开来，但每一次的行动都来得太晚了一点。在接下来的 11 月 6 日，一场足够使人淋透的大雨来了，使多沙的路面成了一片泥浆，减缓了英军的追击速度。在老天爷的帮助下，隆美尔逃过了全军覆没的厄运。在接下来的几周里，大约 7500 名将士（他手下仅存的兵力）边跑边打，边打边跑，一路撤退到利比亚的小村庄阿吉拉，这里是 20 个月之前他们的出发点。等待着他们的是新的威胁：一支英美联合部队不久前刚抵达阿尔及利亚和摩洛哥海岸。

241

在装甲车的掩护下，暮色
中的英军（上图）追击着阿拉
曼以西正在撤退的德国和意大
利军队。

排着蛇形长队的美国卡车
沿着海岸公路向西源源不断地
开进利比亚。这些卡车及其运
载的货物是作为英美《租赁计
划》的一部分经苏伊士运河运
抵埃及的。

漫漫西行路

撤退中的德国士兵用担架小心翼翼地抬着一名受伤的战友。由于长时间面临艰难和危险,"非洲军团"的士兵们相互之间结下了深厚的友谊。

德国步兵从阿拉曼向西撤退途中一路
艰难跋涉（一名士兵用自制的小车推着自
己的东西走）。隆美尔写道："这支部队
在任何地点都不再具备对英军采取有效攻
击的力量了。"

谨慎追击一支被打败的敌军

紧跟在德军后面追击的英国第八军车队单列行进，以减少碰撞地雷的风险。

一支英军排雷小组正在德军地雷区清除一条通道。在排雷工兵的身后是一辆被烧毁的"马提尔达"坦克。

隆美尔的部队一路走过之后在沙漠里丢下了大量杂乱的东西：被毯、子弹、手榴弹、遮阳帽、纸张和食物。

　　这是英国人在取得阿拉曼大捷后公布的一张具有象征意义的照片：一名英国兵拿着上了刺刀的枪看守着"非洲军团"的一名军官。在这场对北非沙漠战争起决定性作用的阿拉曼战役中，有1万名德国人、2万名意大利人成了俘虏。

图书在版编目 (CIP) 数据

非洲军团 / 美国时代生活编辑部编；张显奎译 . ——
修订本 . —— 海口：海南出版社，2015.1（2022.6 重印）

（第三帝国）

书名原文：The third reich:Afrikakorps

ISBN 978-7-5443-5798-2

Ⅰ.①非… Ⅱ.①美…②张… Ⅲ.①第二次世界大
战战役 – 史料 – 北非 Ⅳ.① E195.2

中国版本图书馆 CIP 数据核字 (2014) 第 271546 号

第三帝国：非洲军团（修订本）
DISAN DIGUO：FEIZHOU JUNTUAN（XIUDING BEN）

作　　者：美国时代生活编辑部
译　　者：张显奎
选题策划：李继勇
责任编辑：张　雪
责任印制：杨　程
印刷装订：北京兰星球彩色印刷有限公司
读者服务：唐雪飞
出版发行：海南出版社
总社地址：海口市金盘开发区建设三横路 2 号
邮　　编：570216
北京地址：北京市朝阳区黄厂路 3 号院 7 号楼 102 室
电　　话：0898-66812392 010-87336670
电子邮箱：hnbook@263.net
经　　销：全国新华书店经销
版　　次：2015 年 1 月第 1 版
印　　次：2022 年 6 月第 2 次印刷
开　　本：787mm×1092mm　　1/16
印　　张：15.75
字　　数：180 千
书　　号：ISBN 978-7-5443-5798-2
定　　价：45.00 元